AF484098

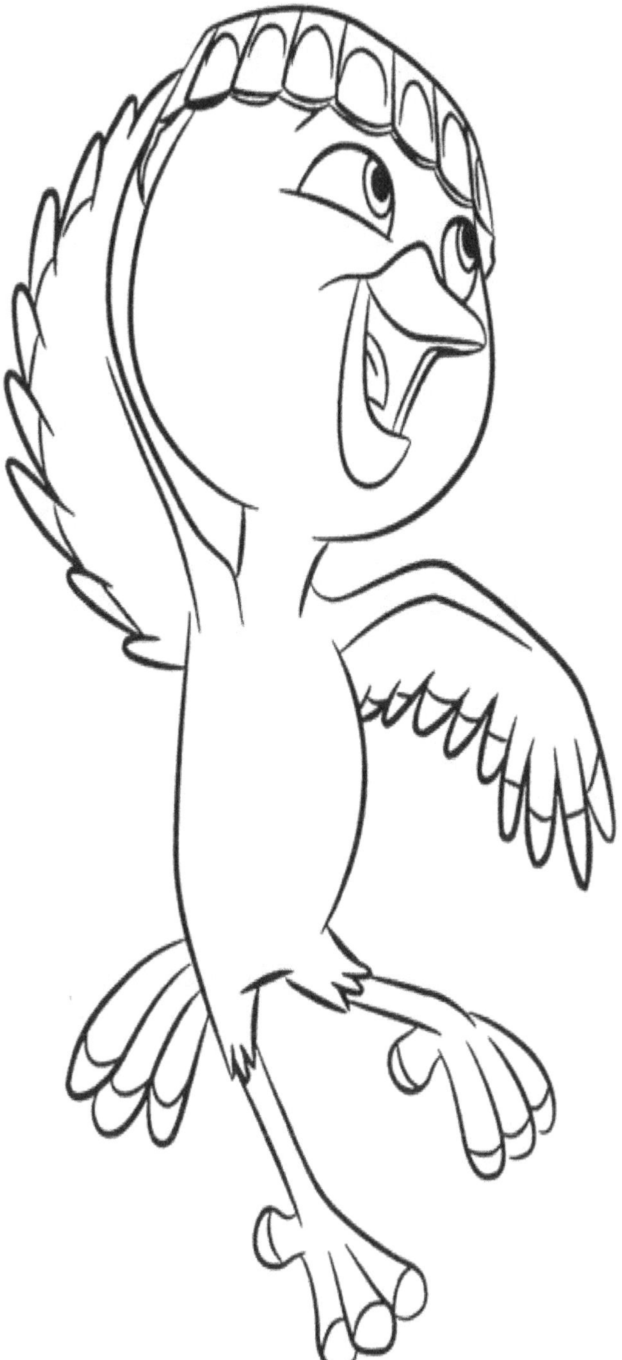

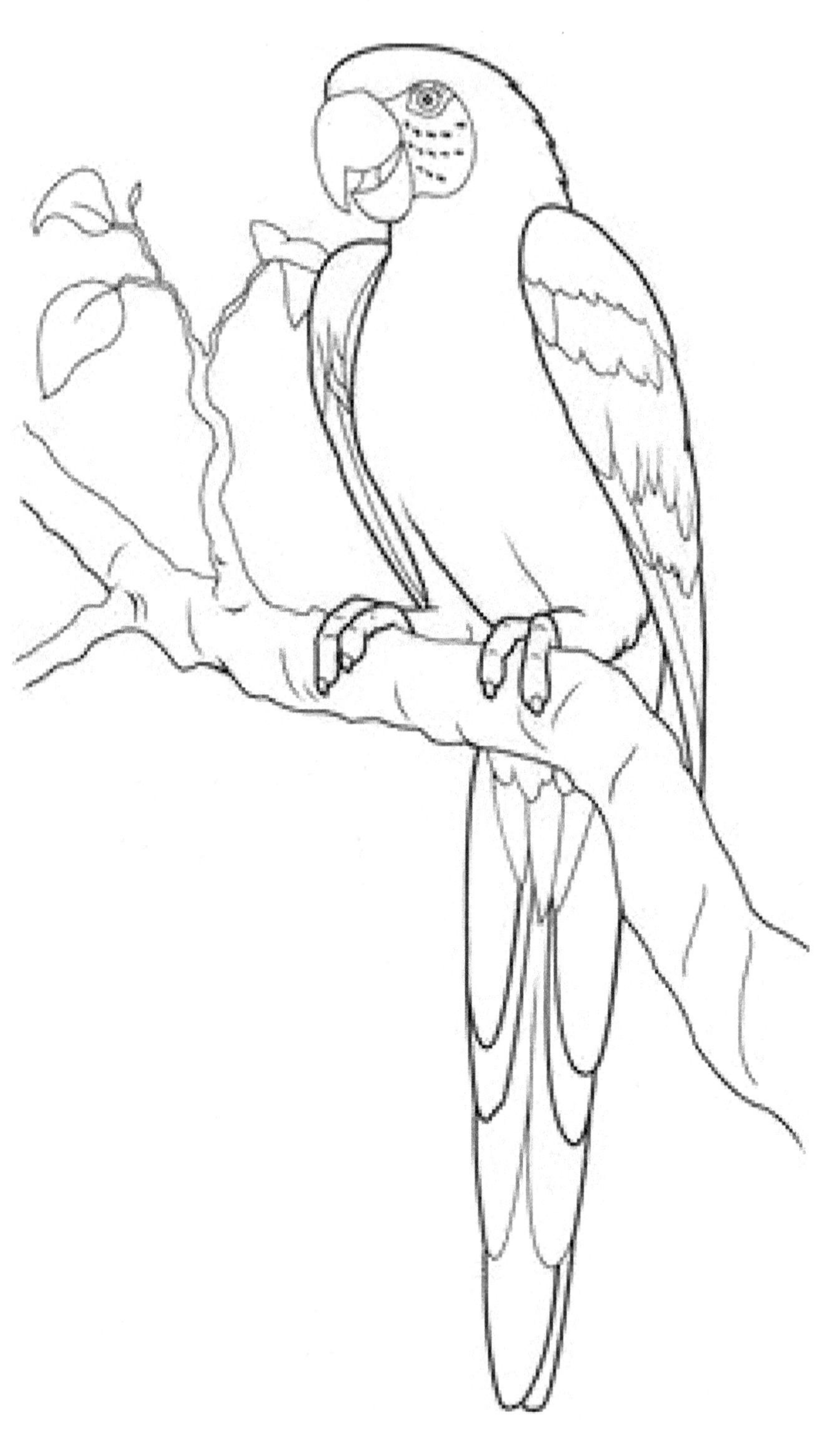

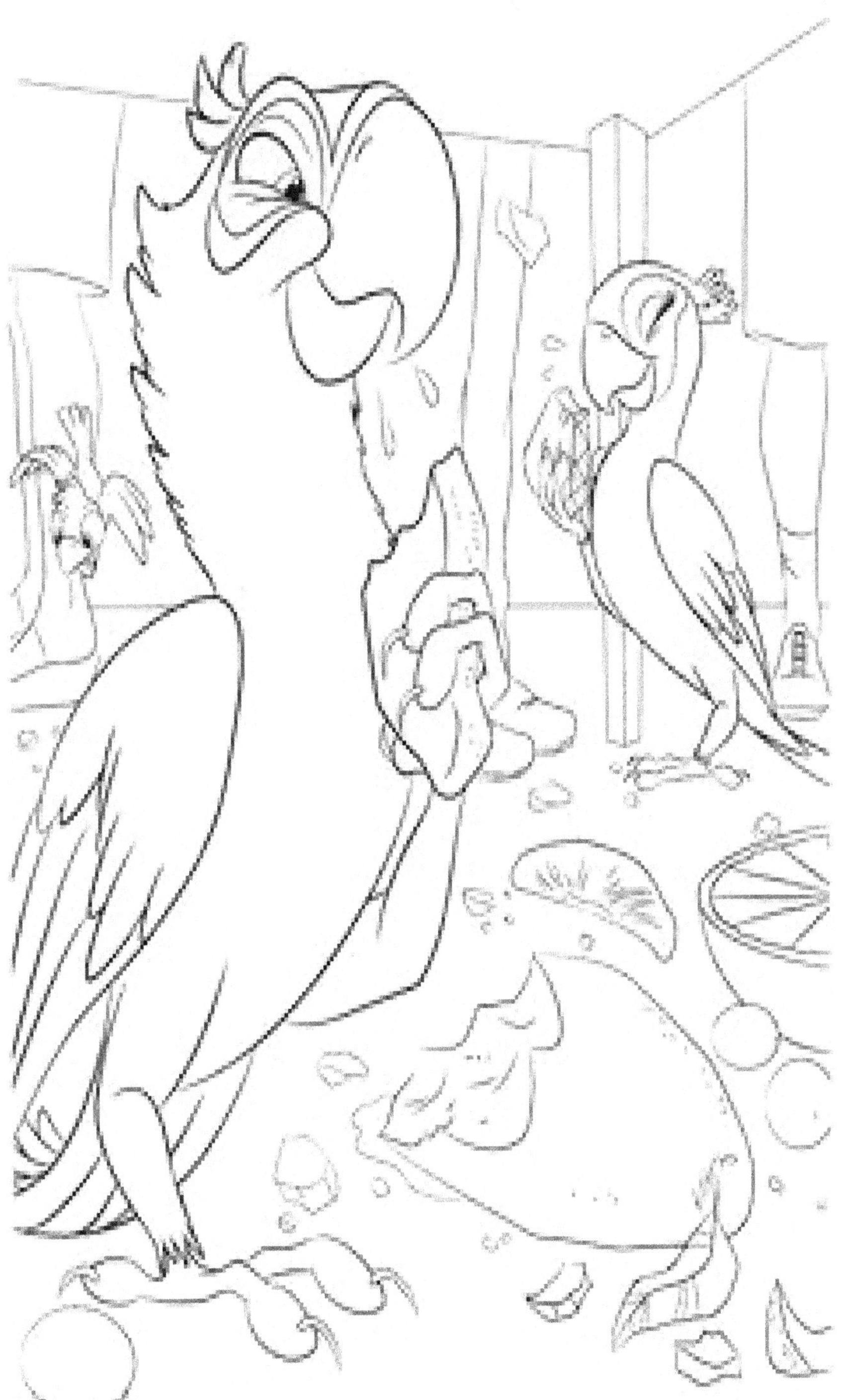

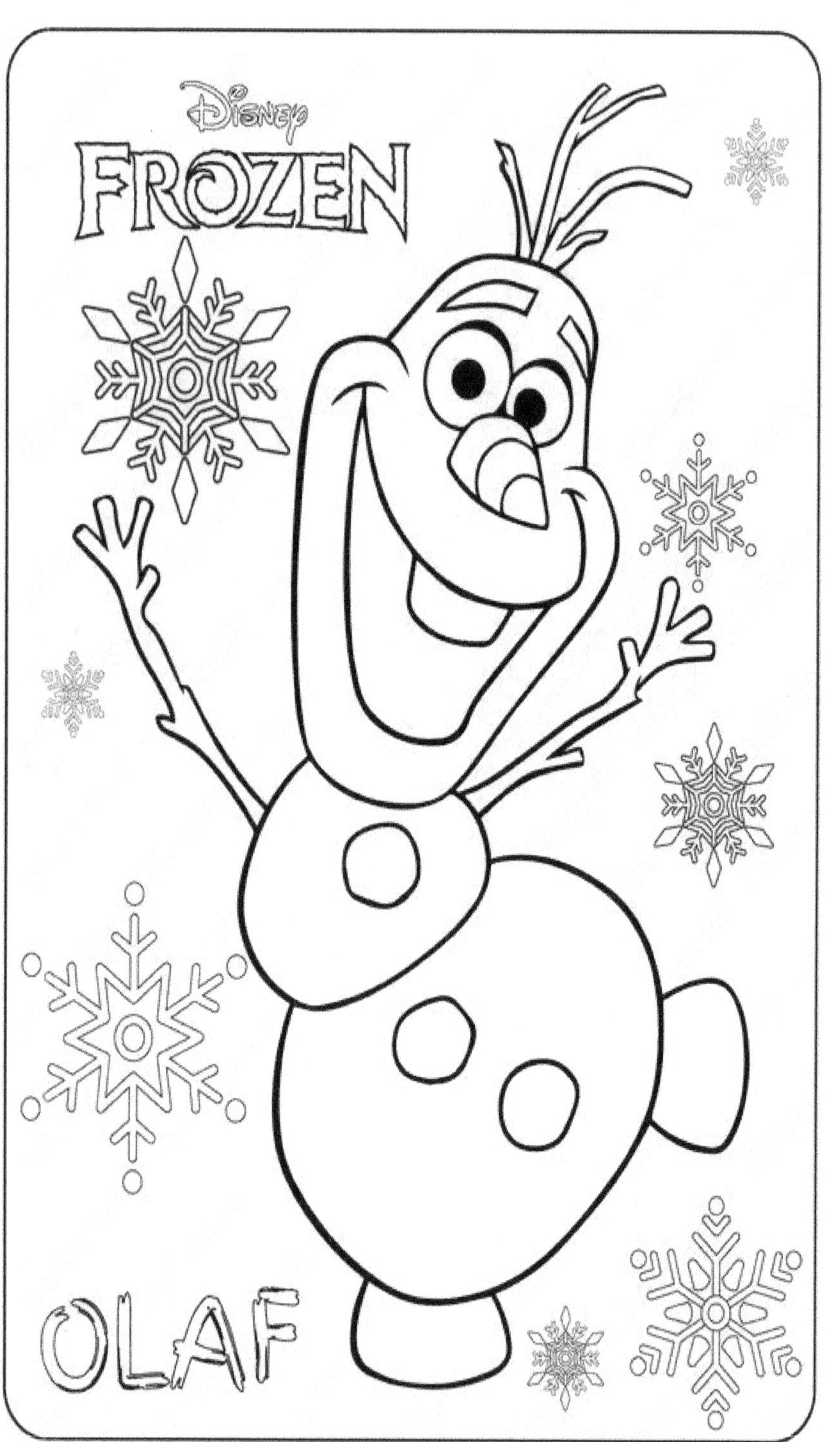

Disney
FROZEN
OLAF

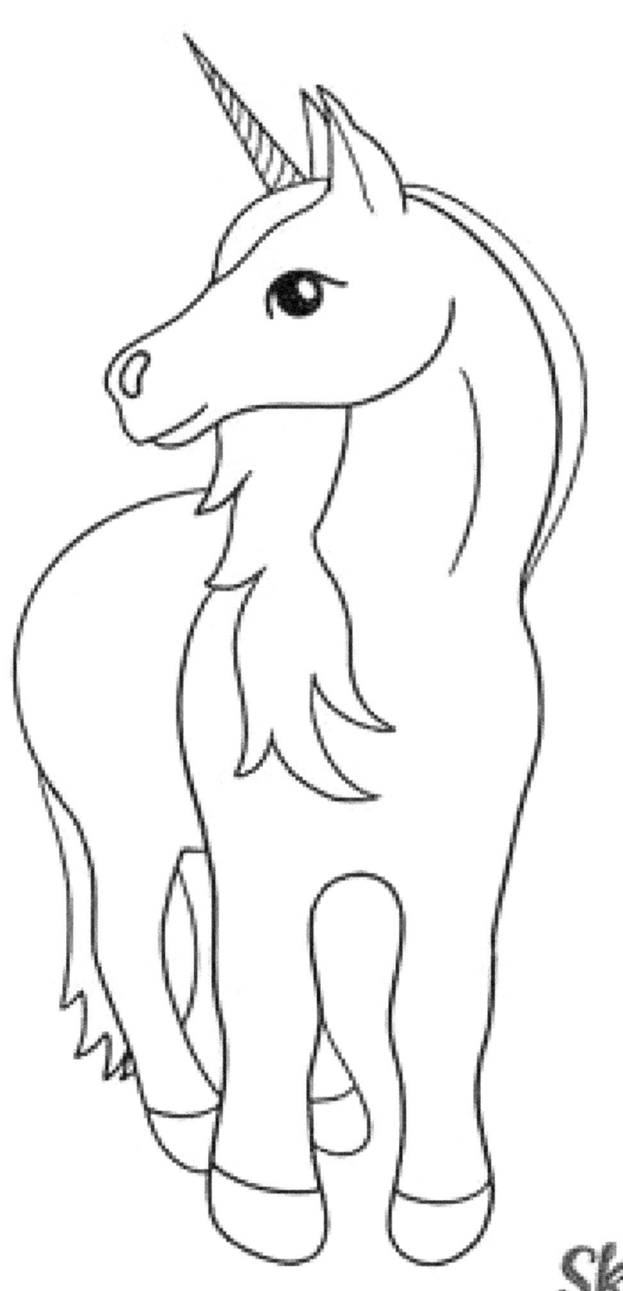

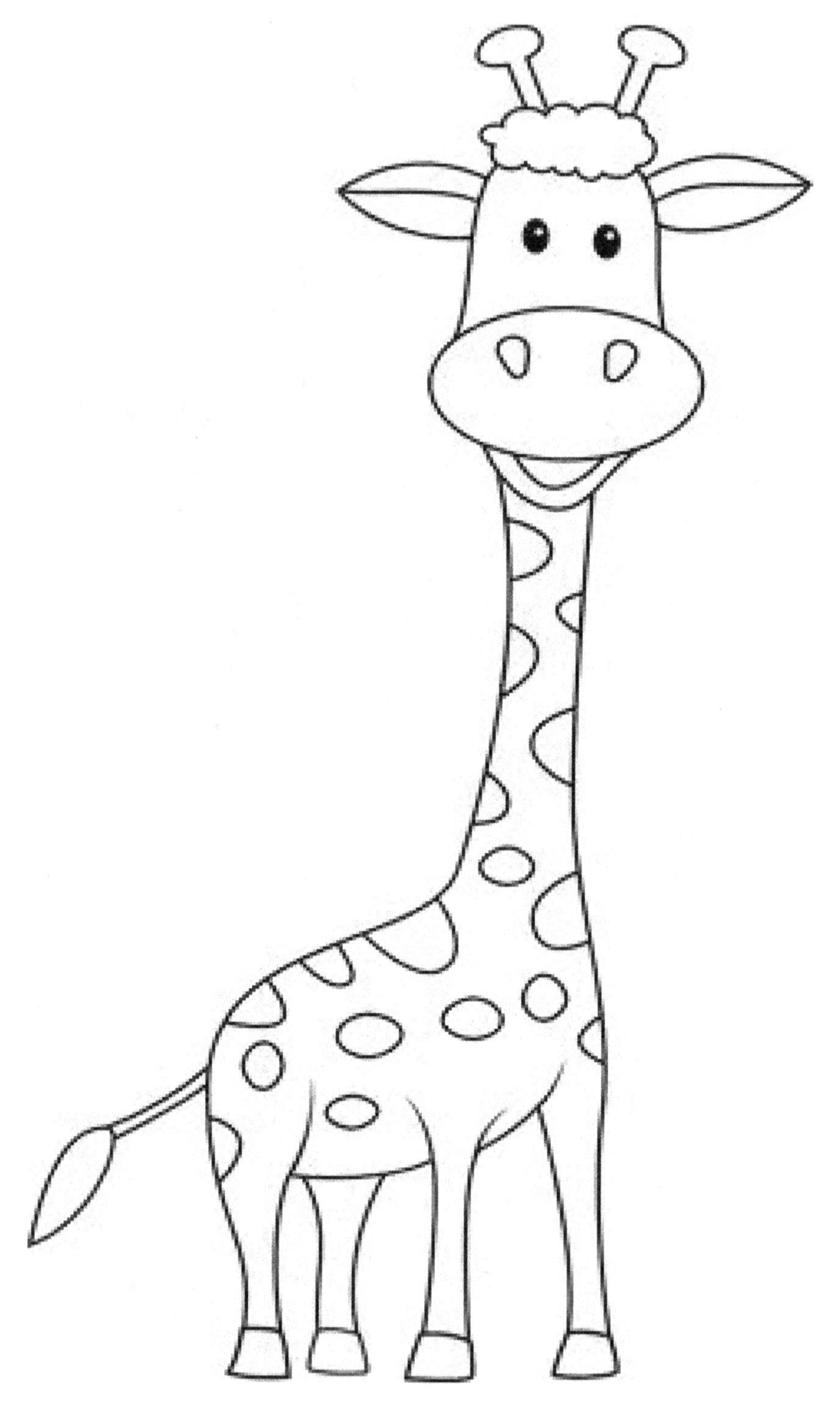

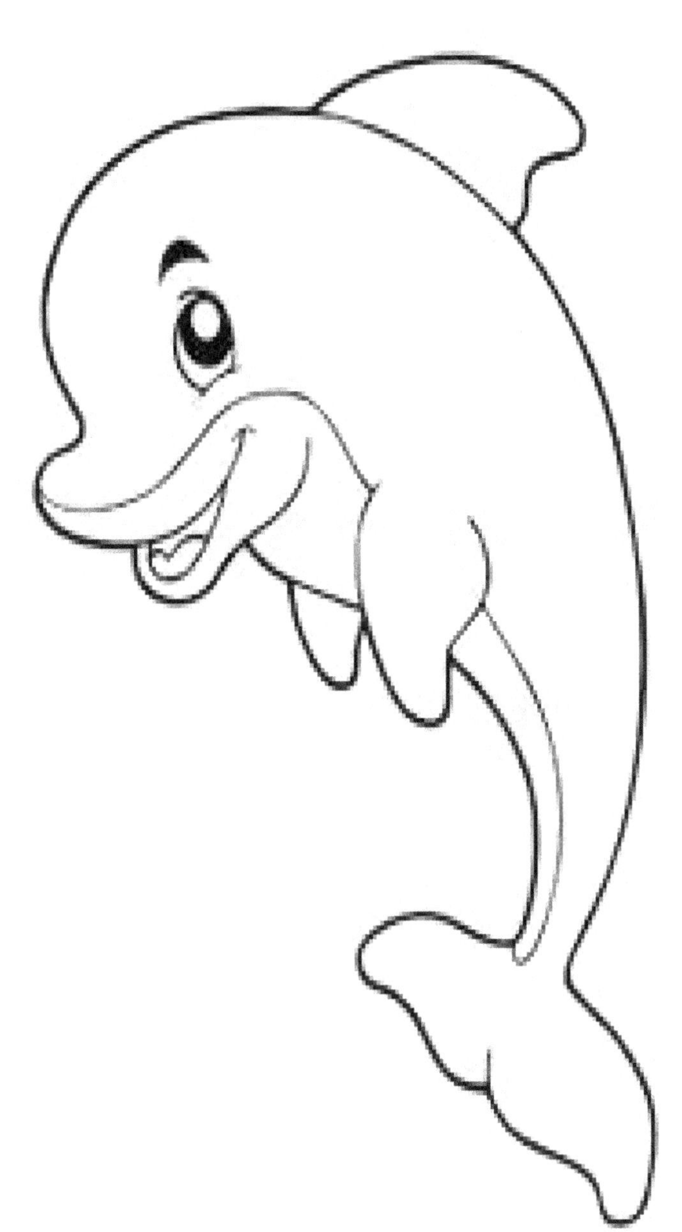

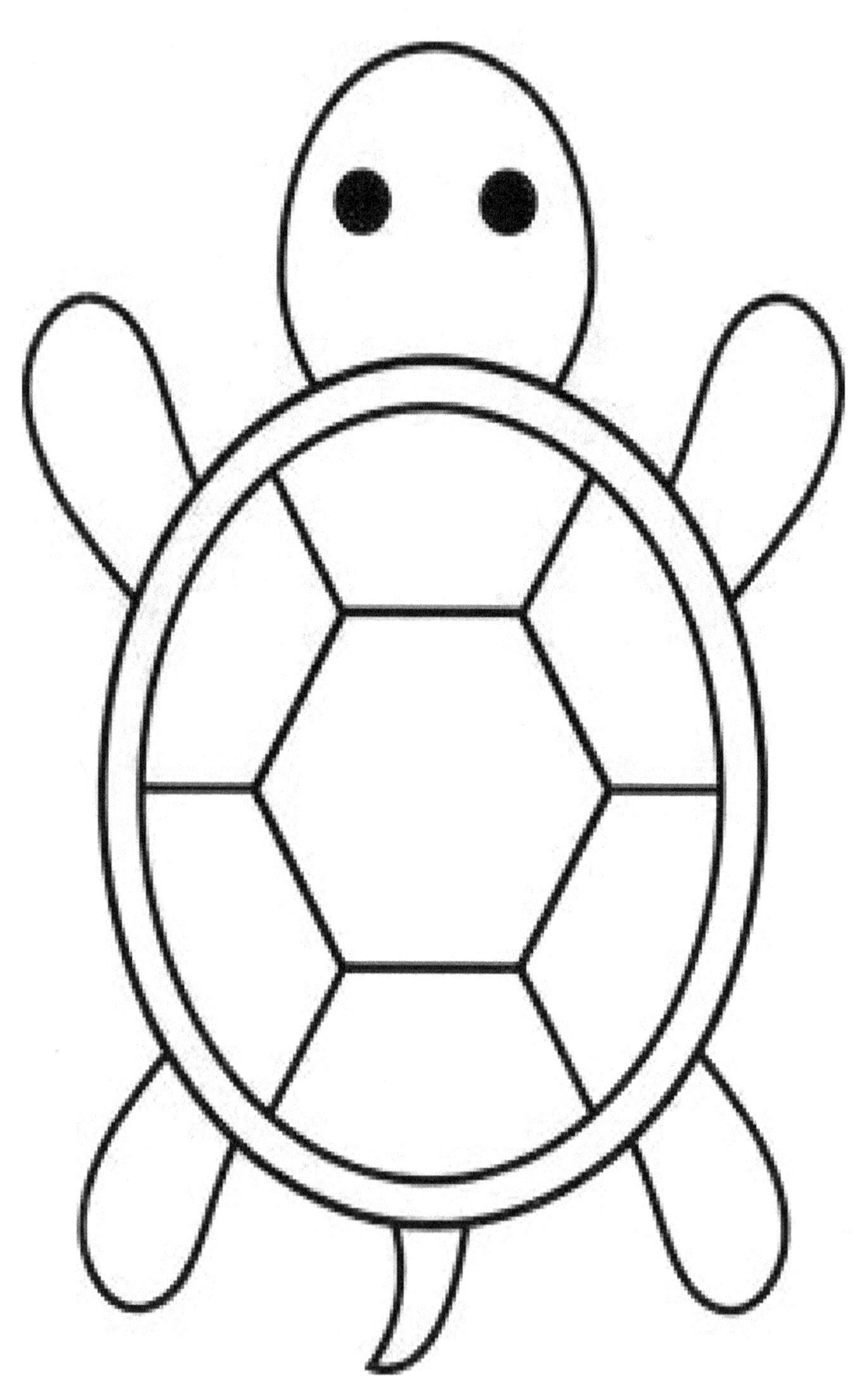

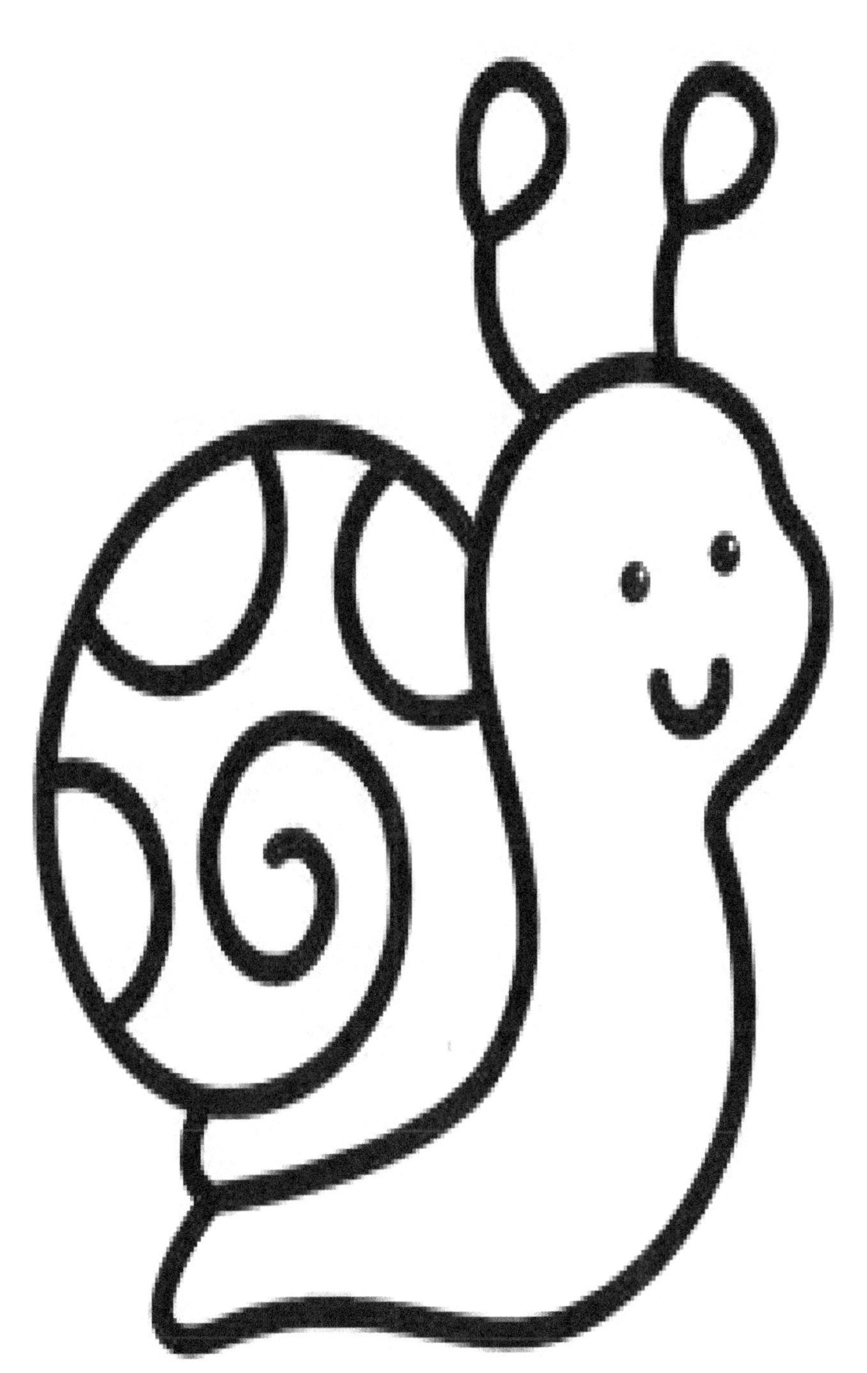

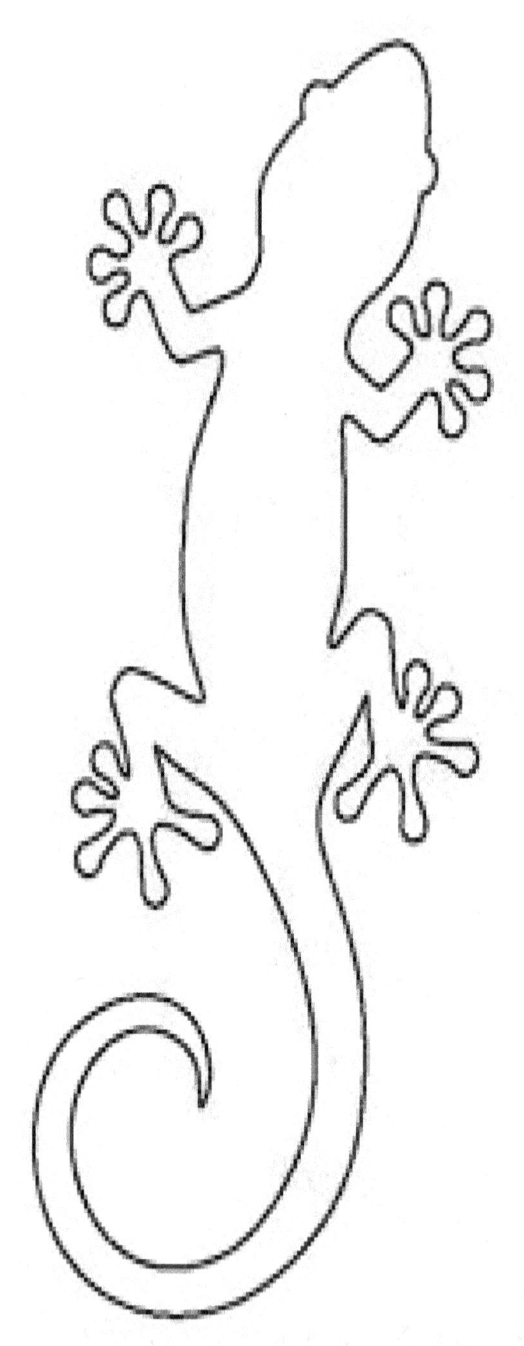

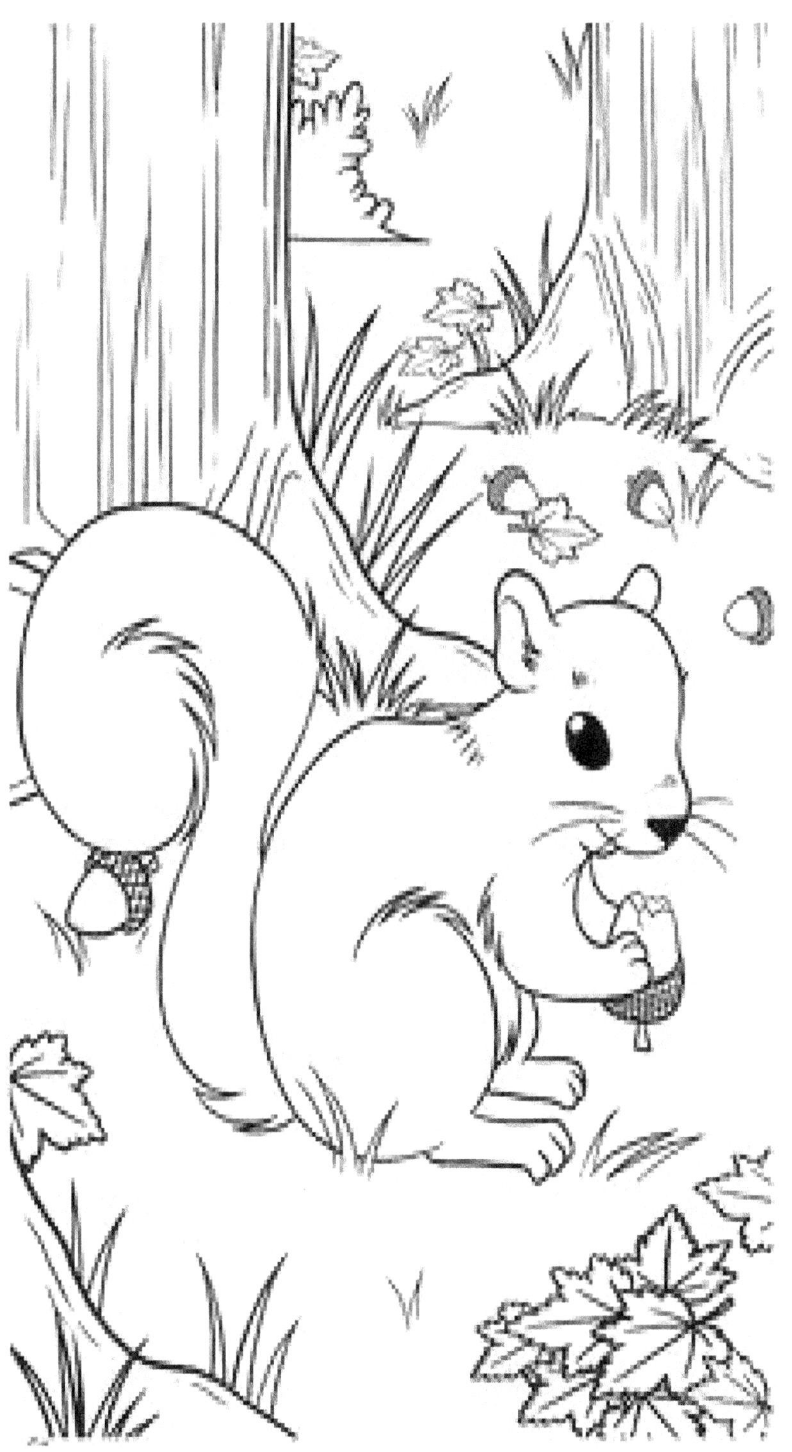

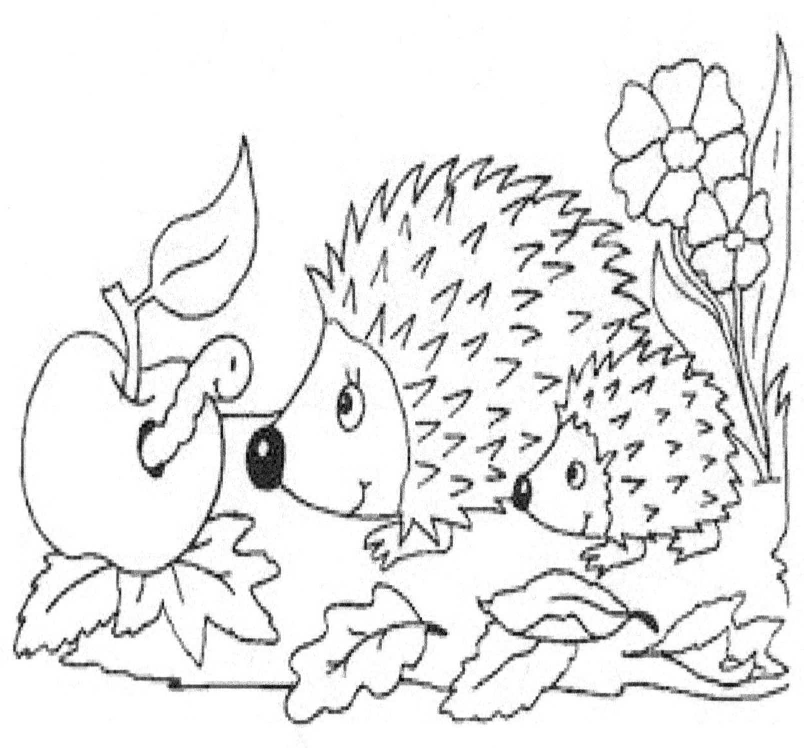

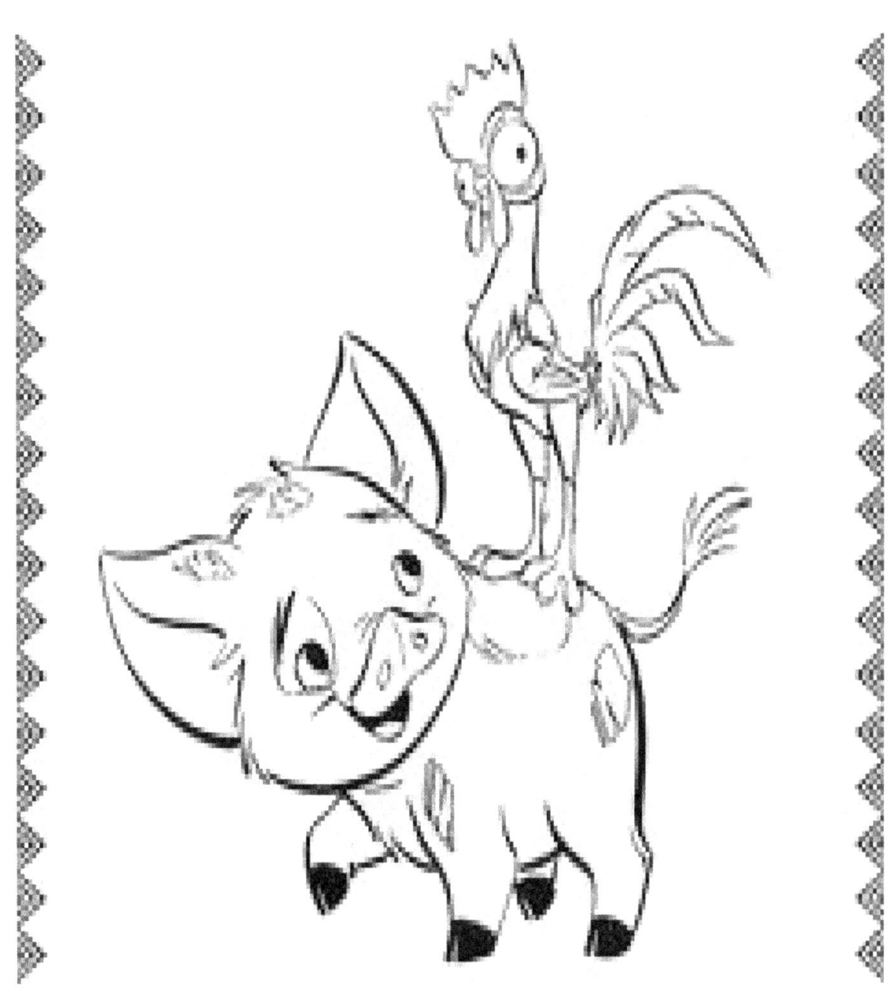

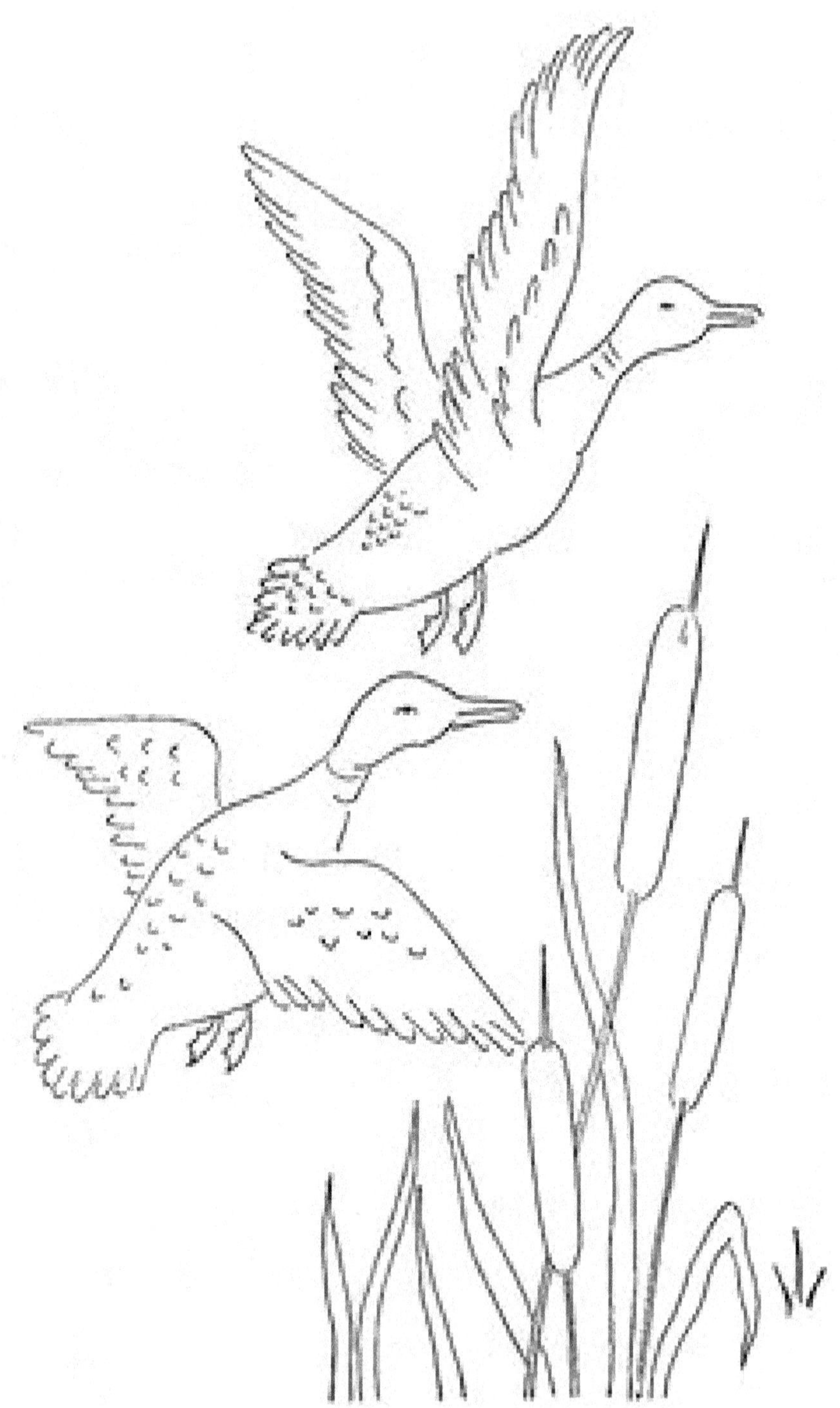

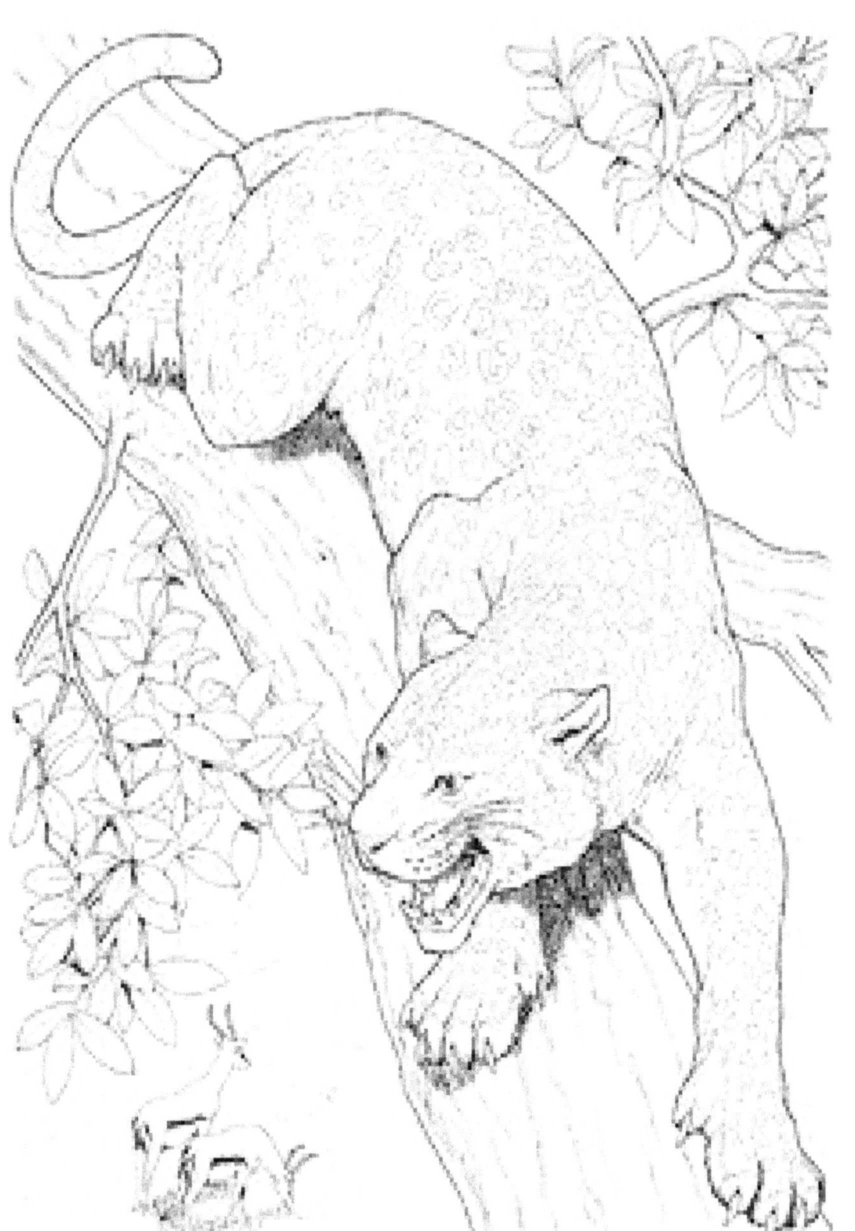

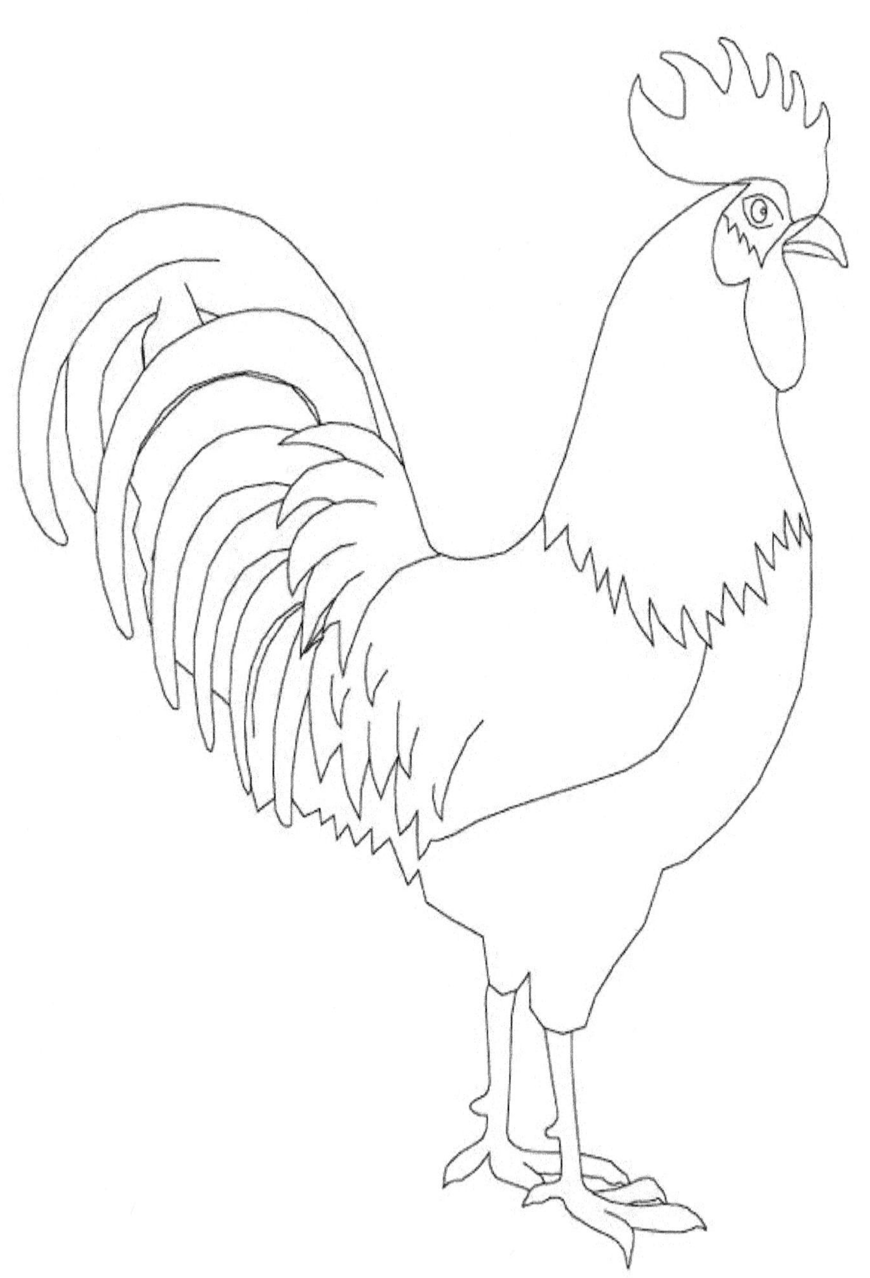

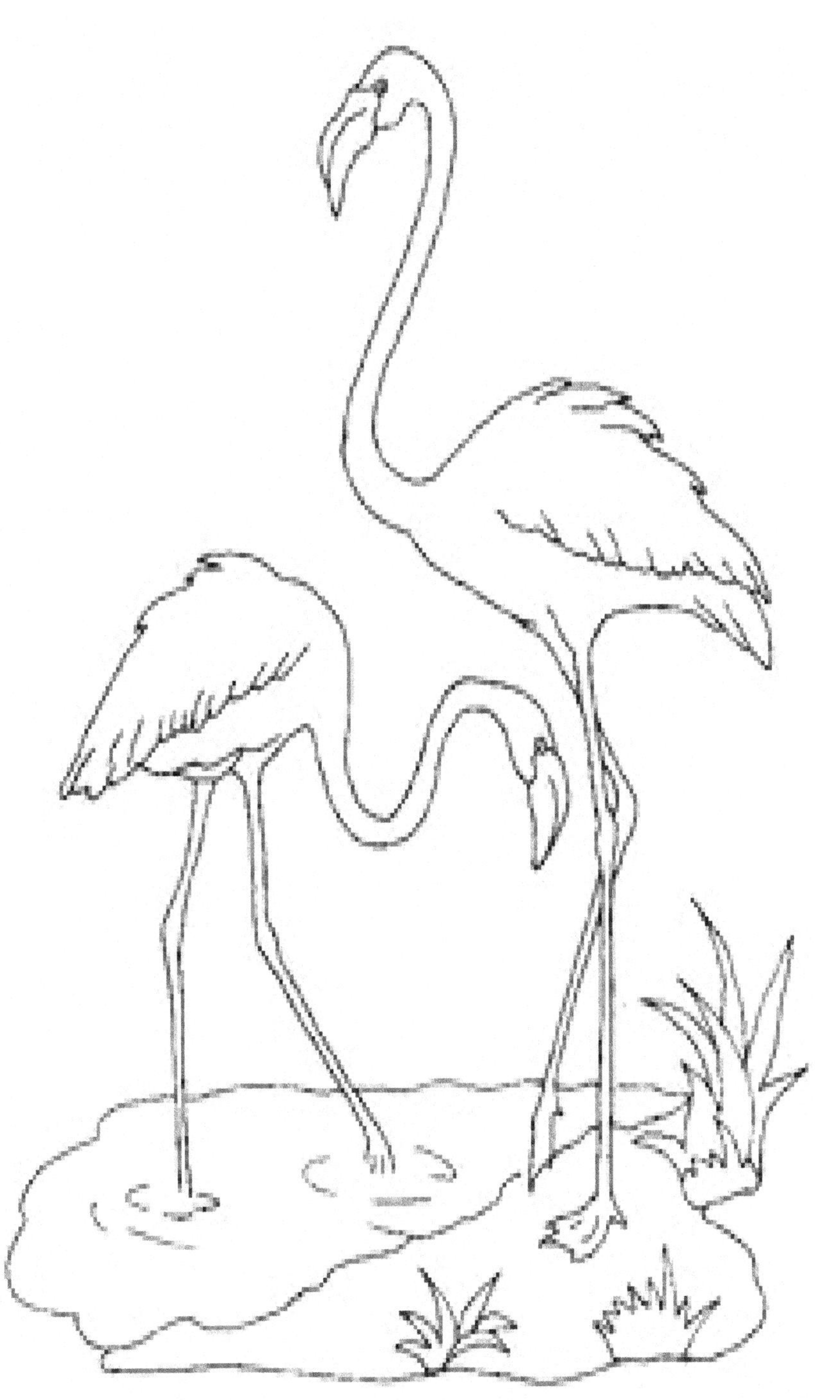

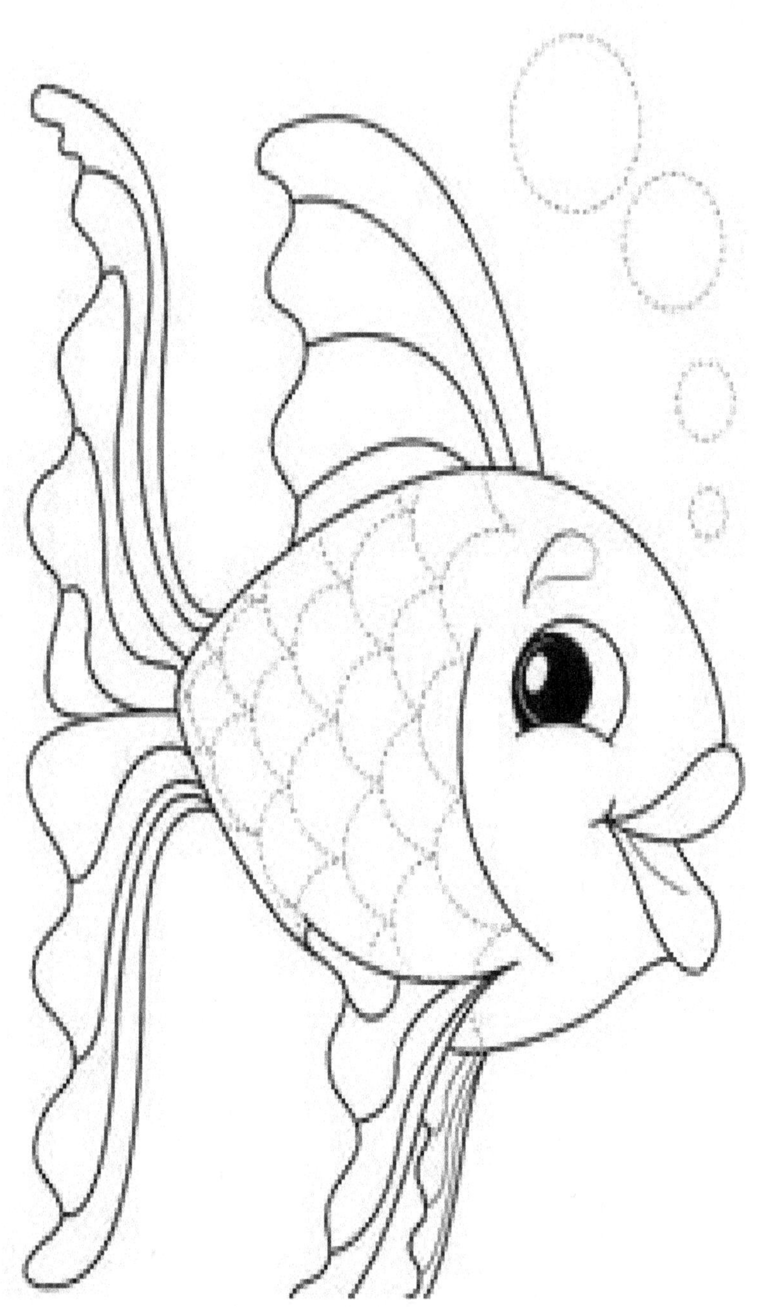

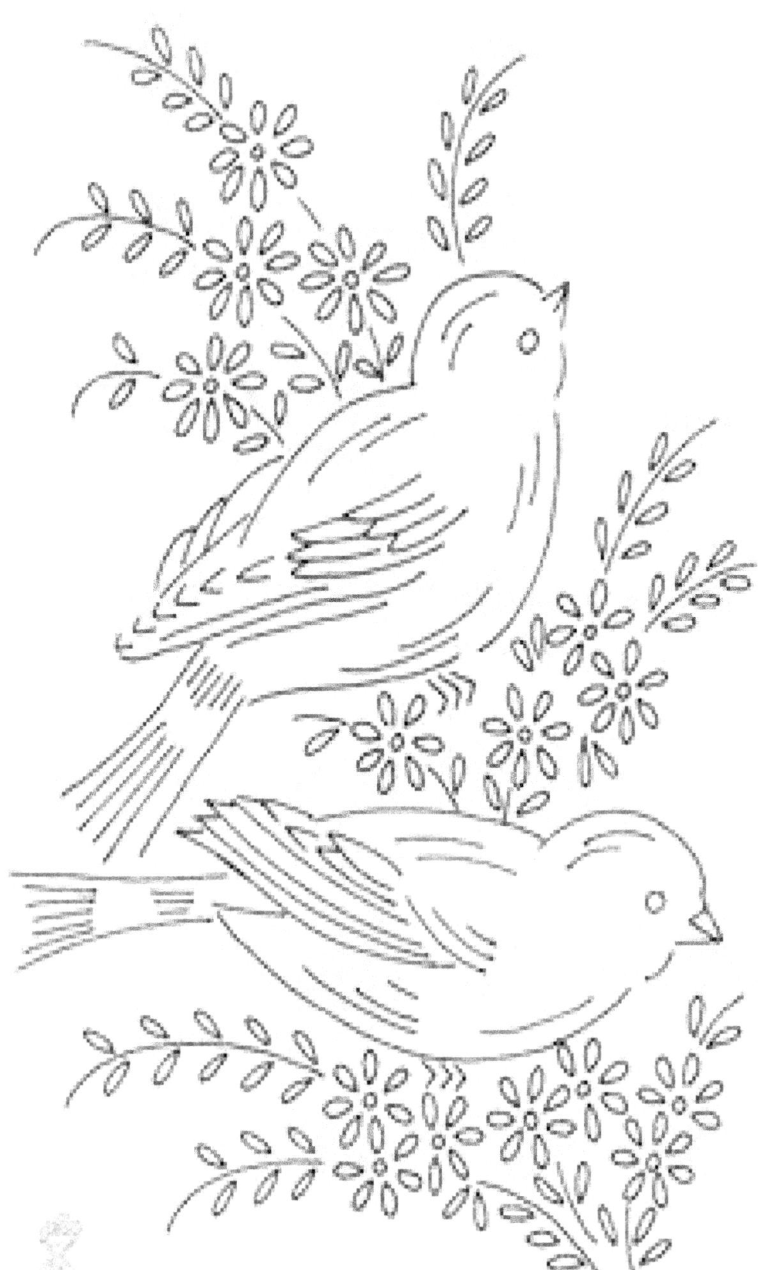

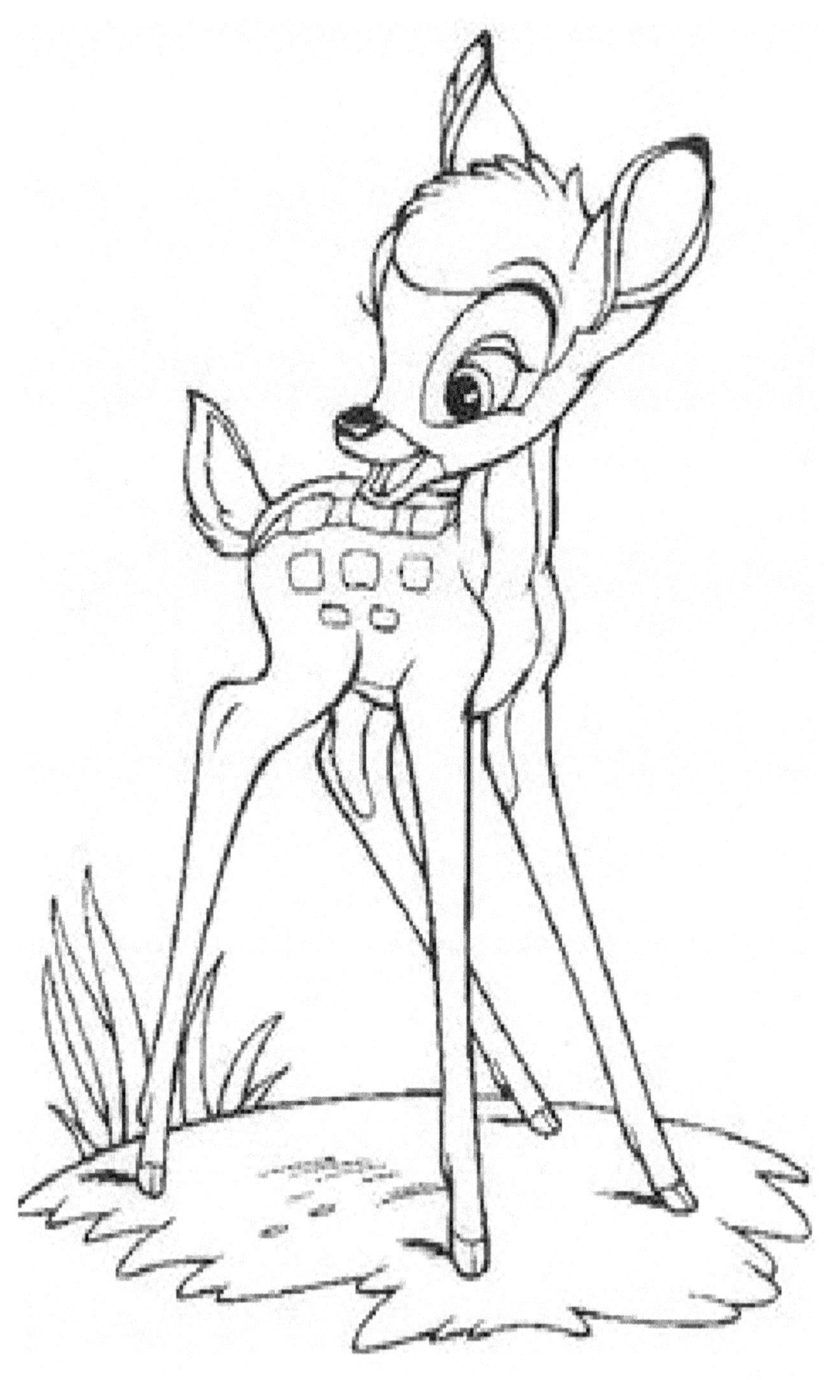

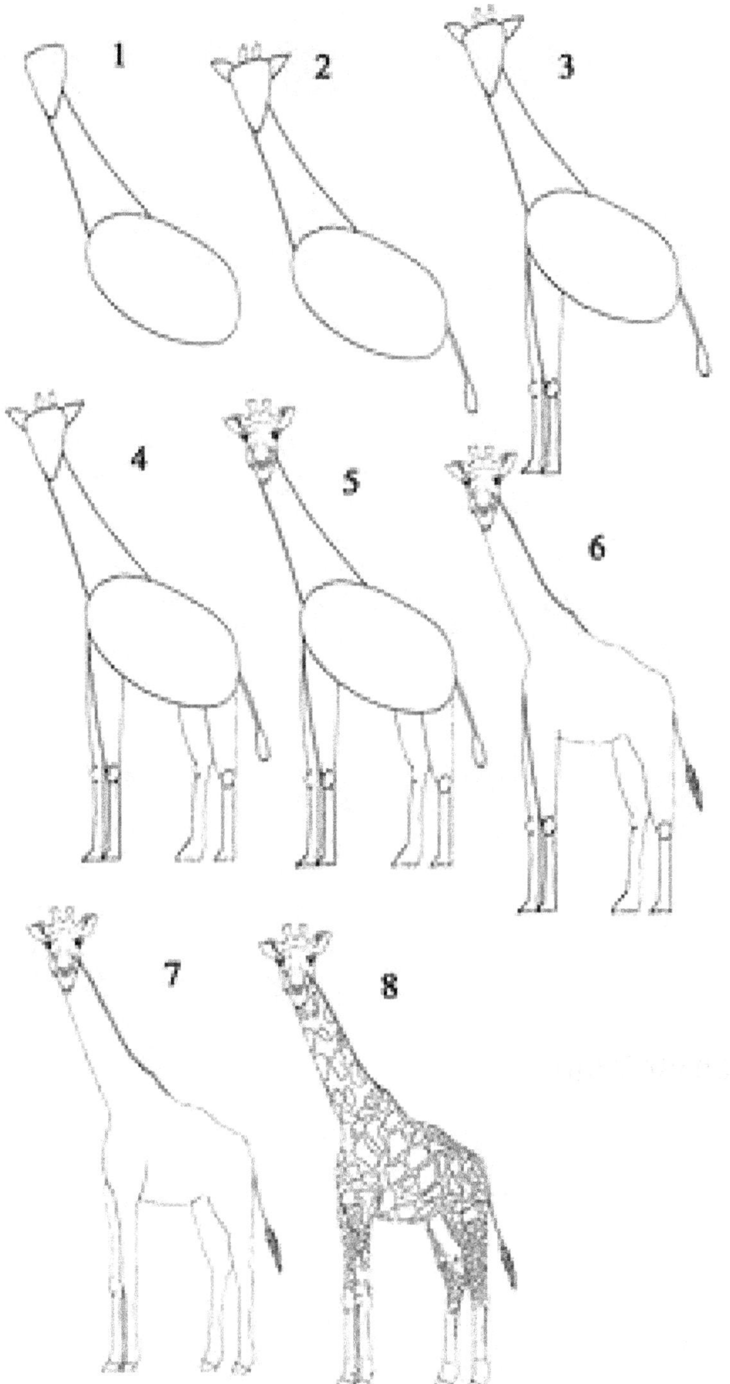

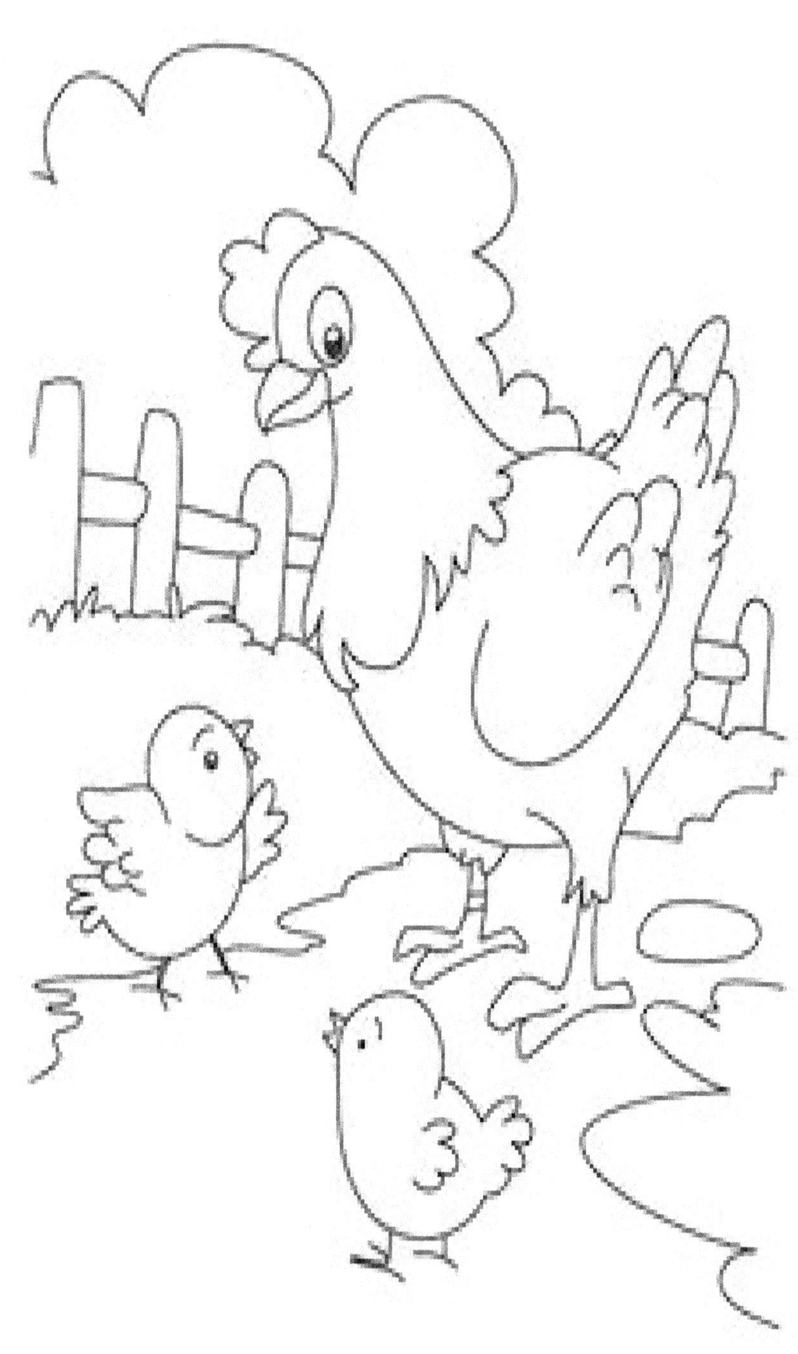

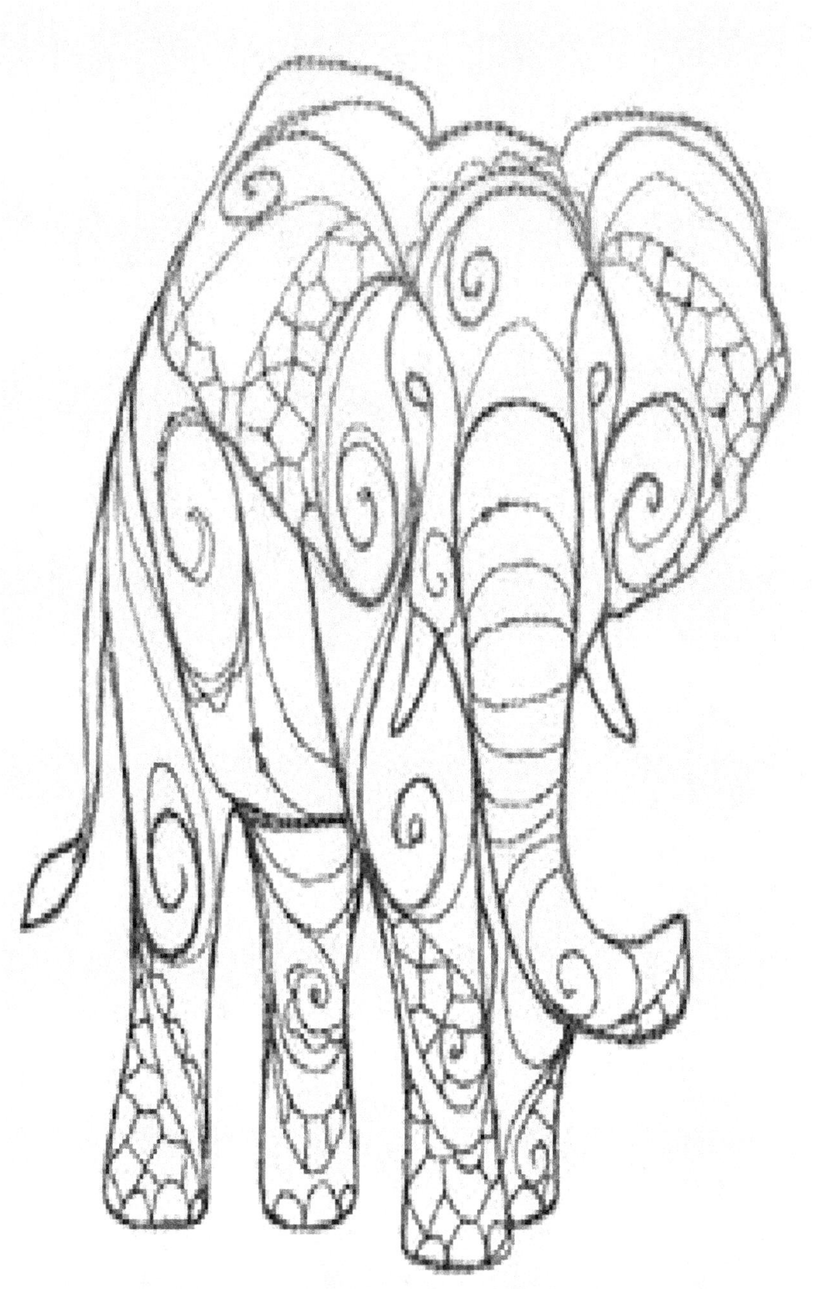

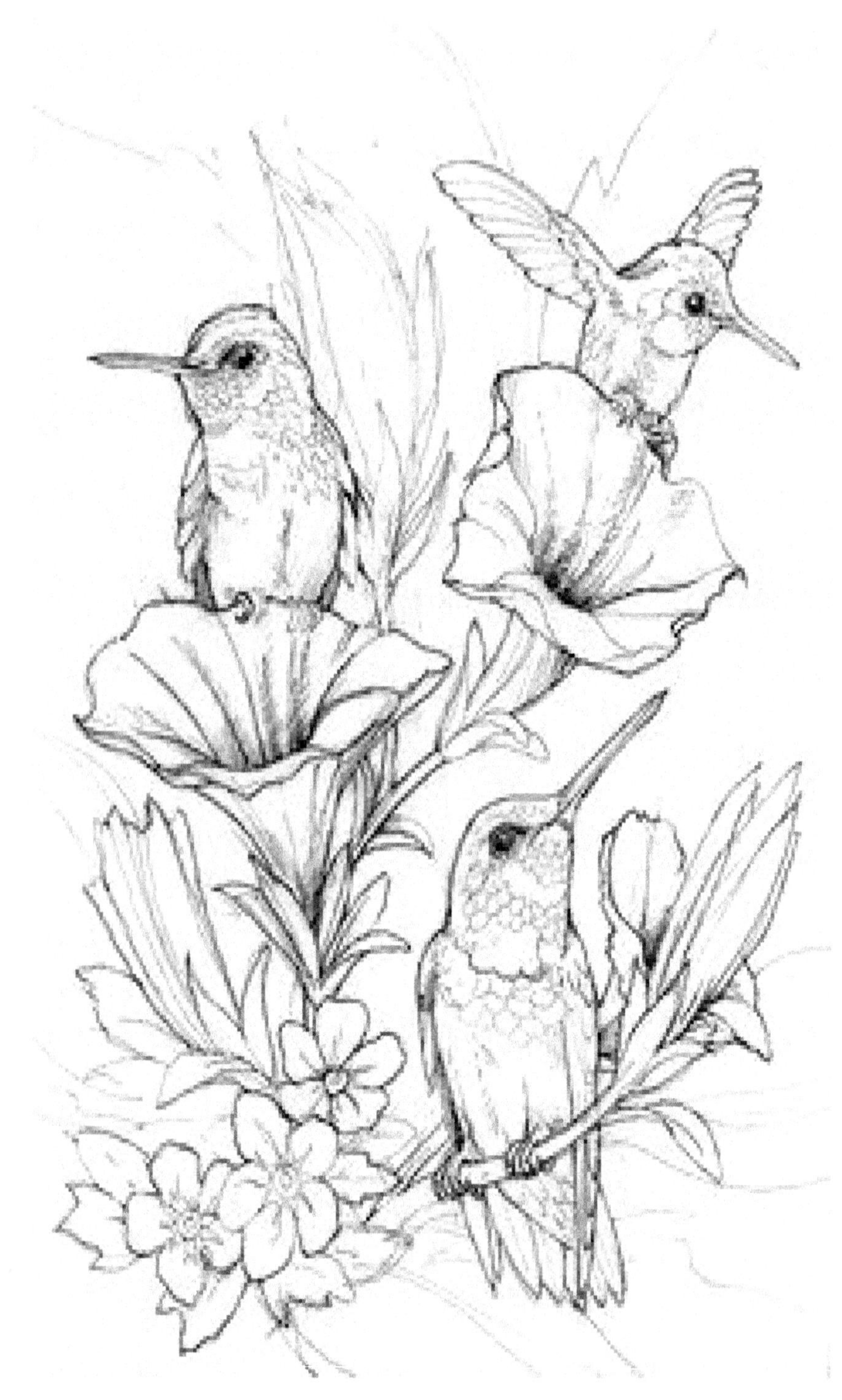

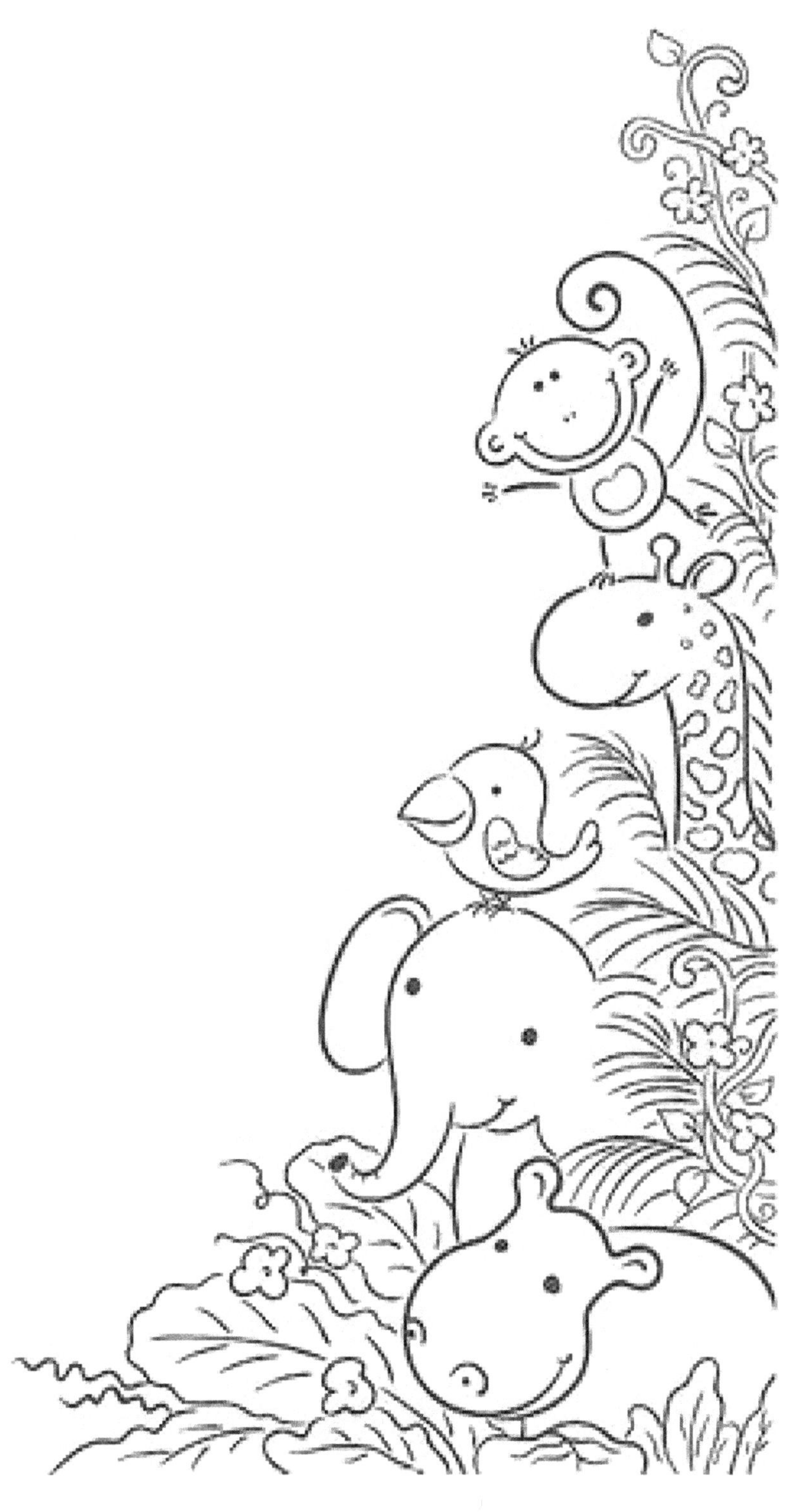

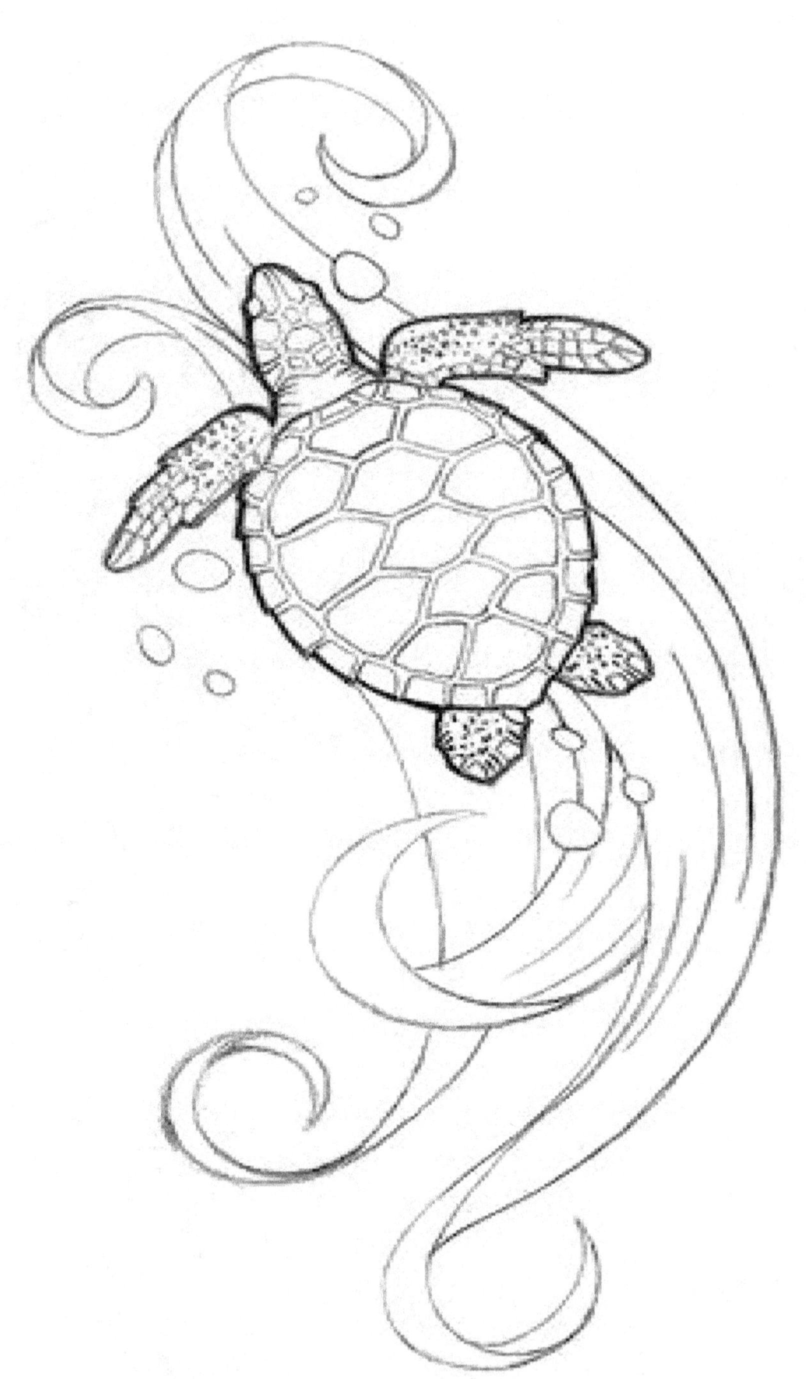

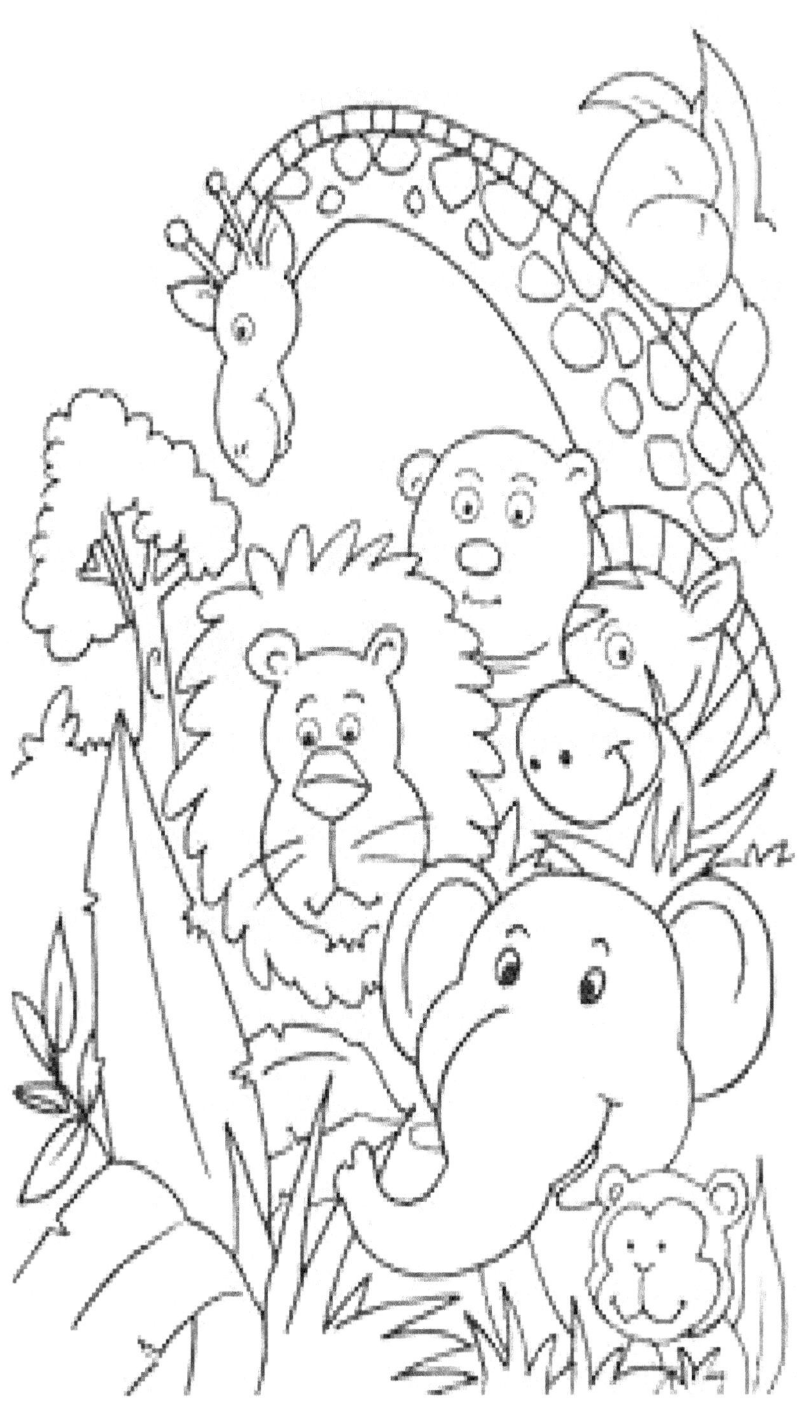

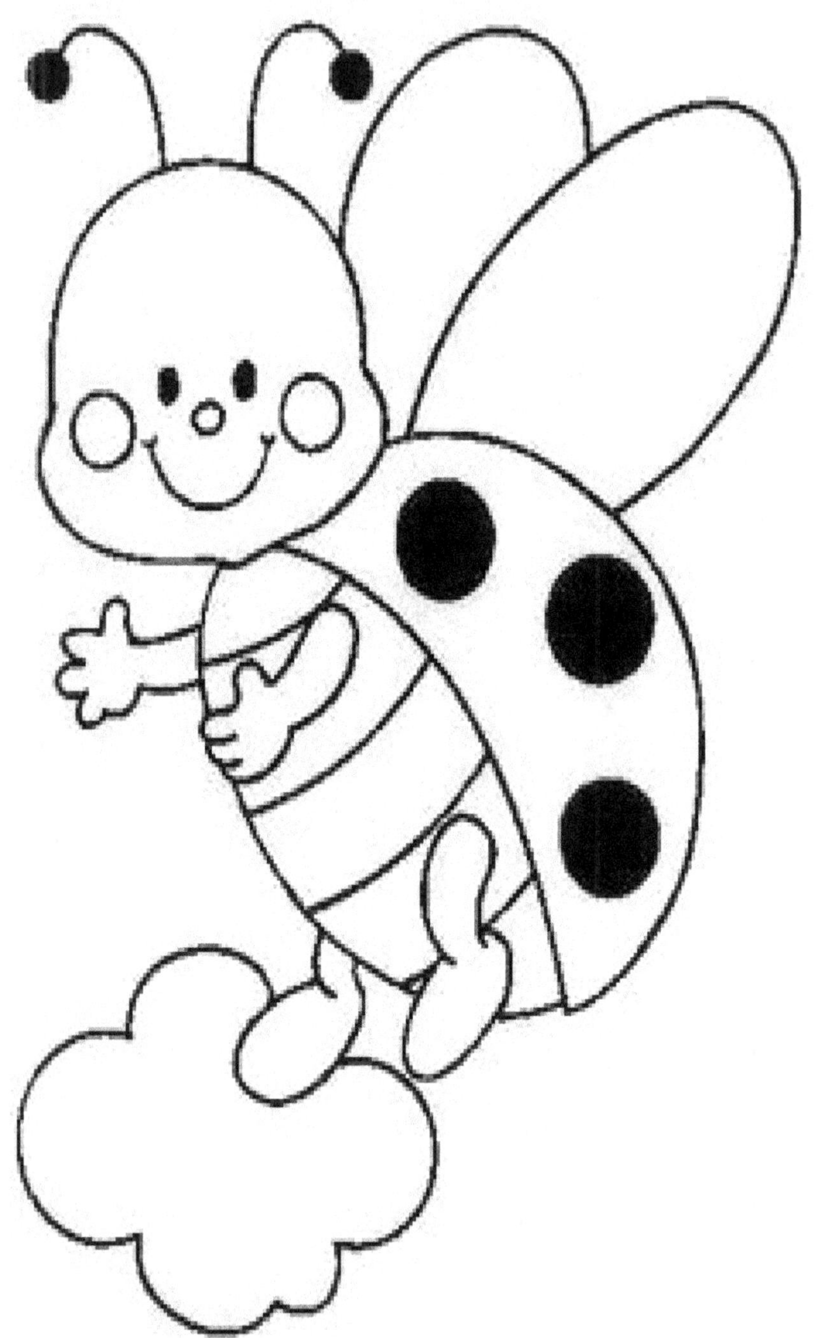

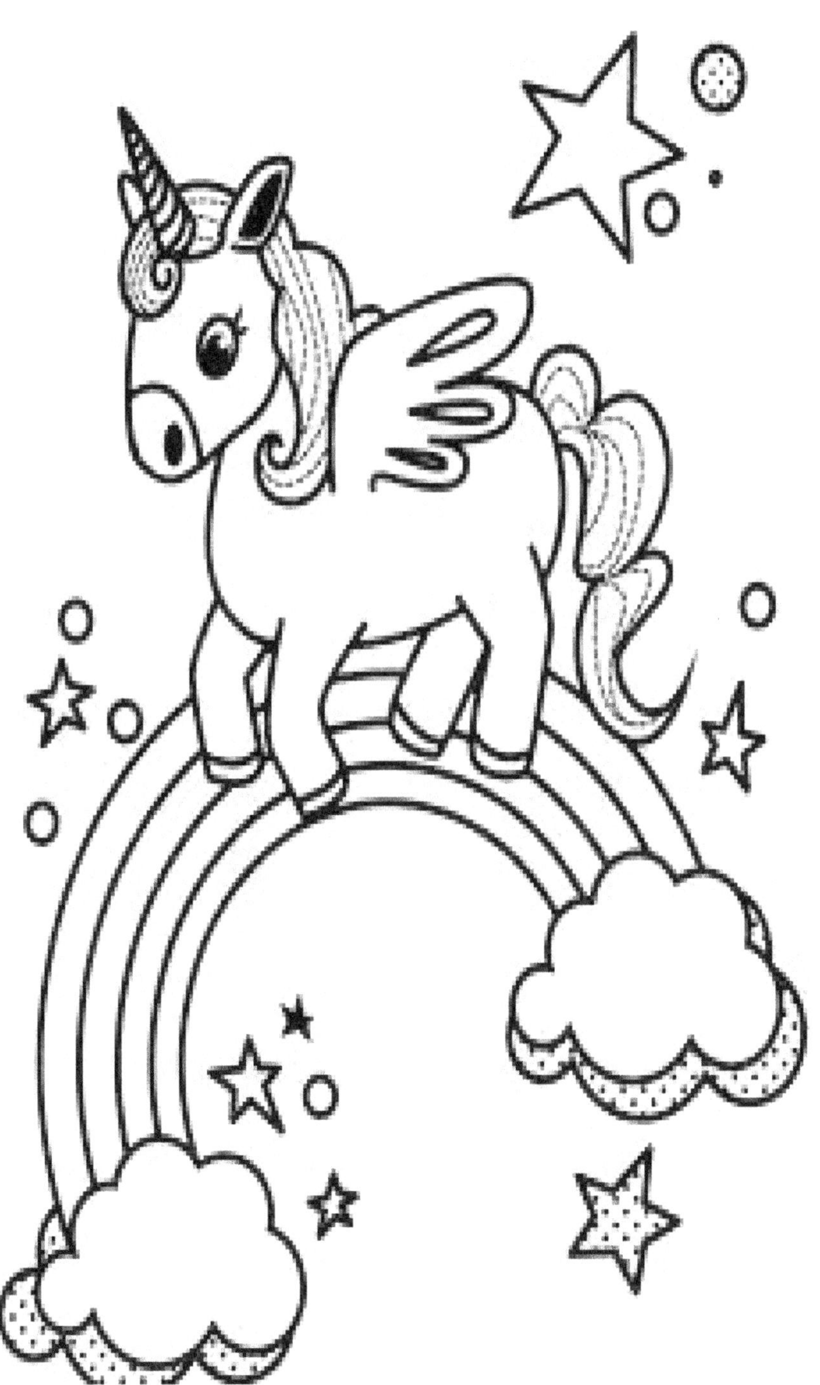

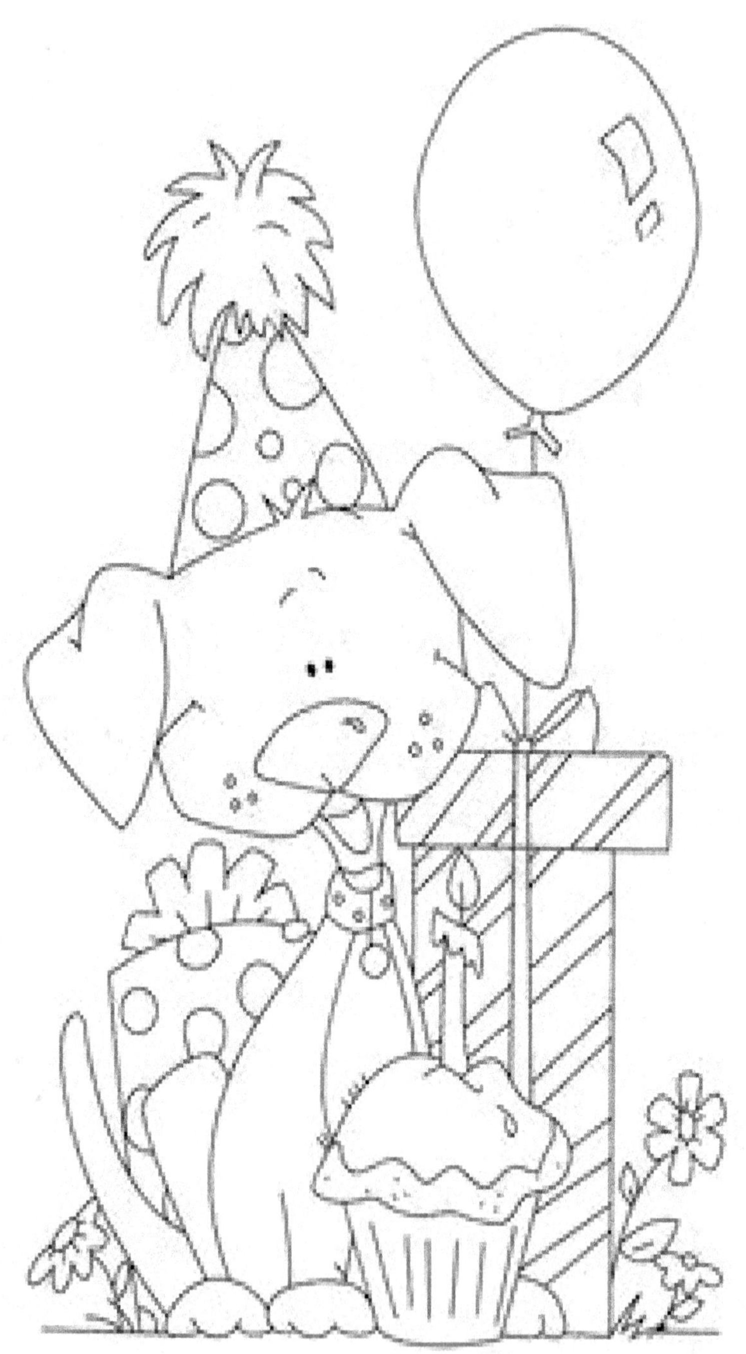

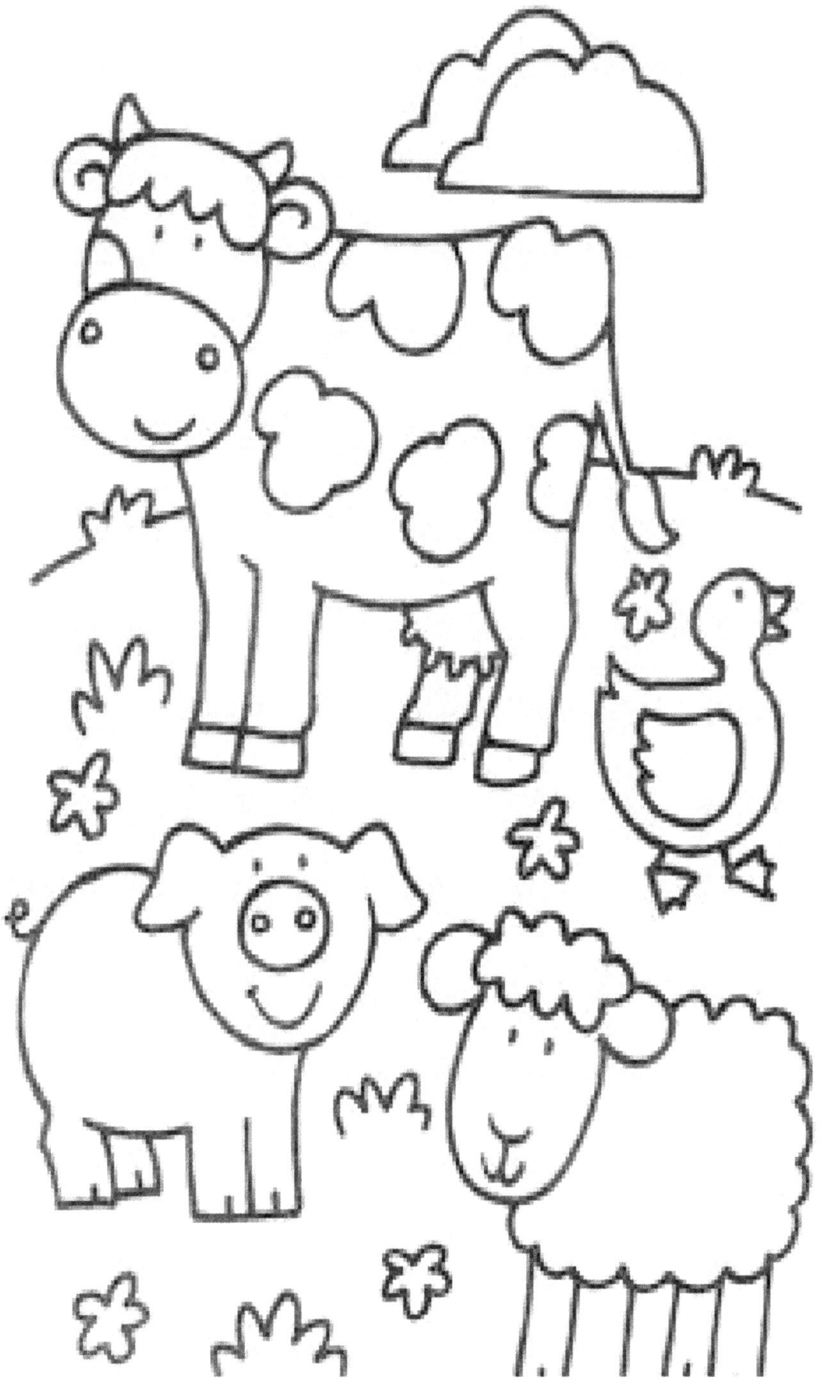

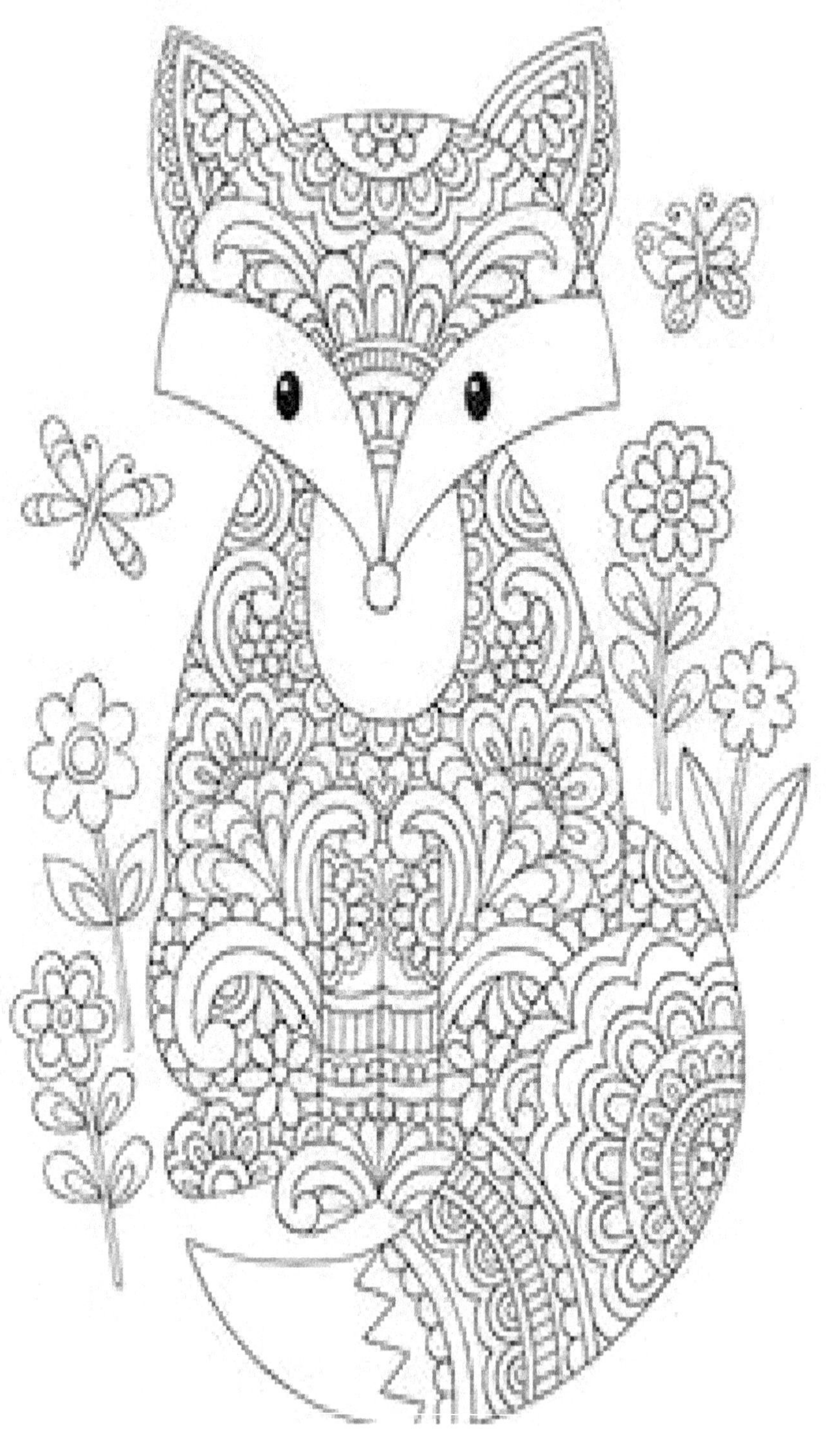

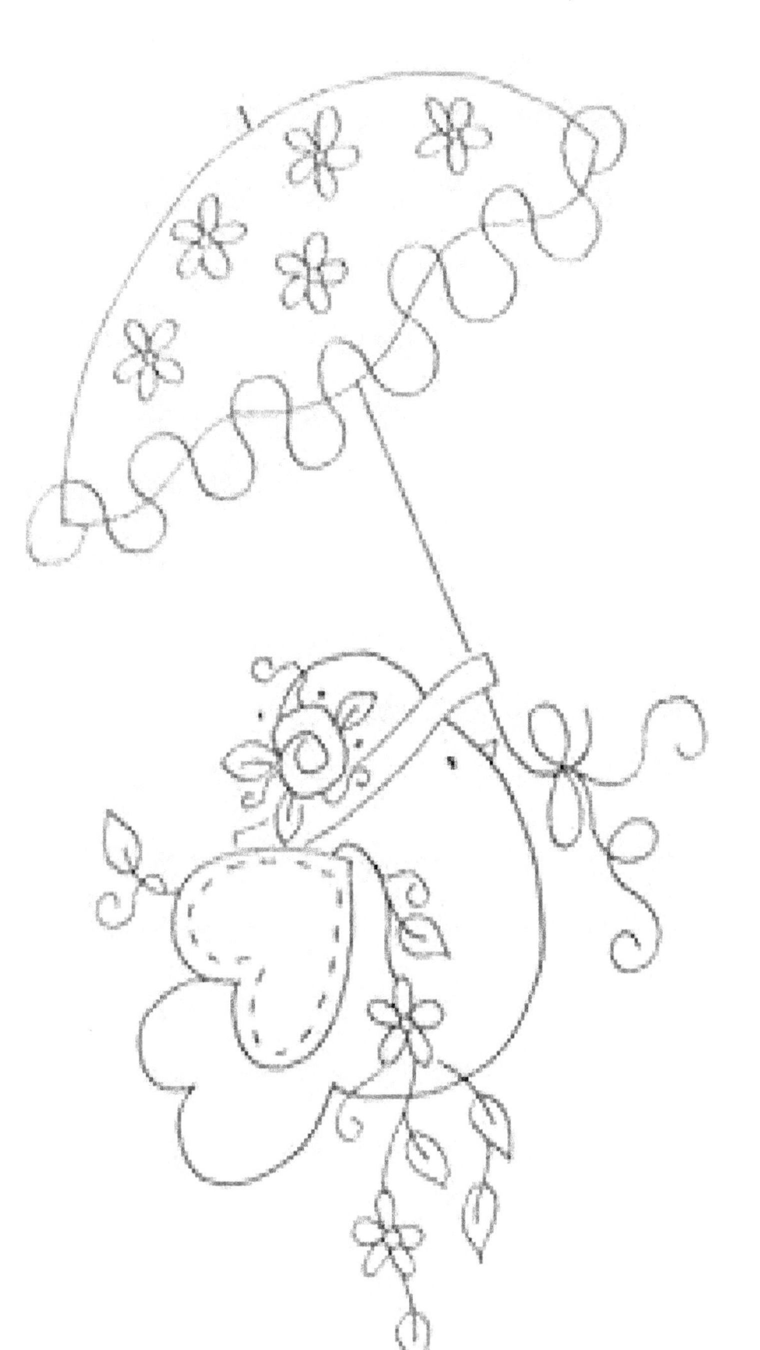

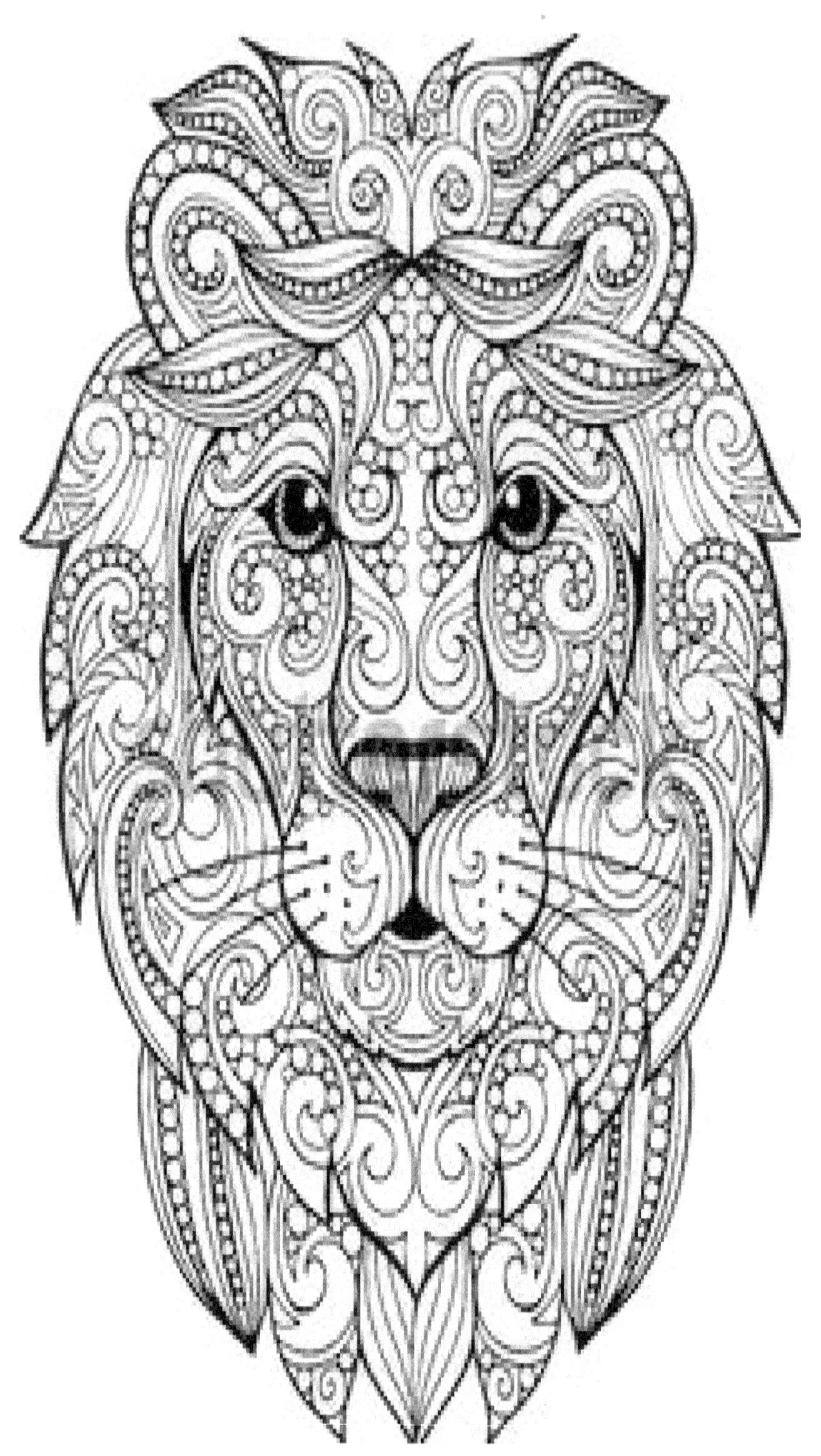

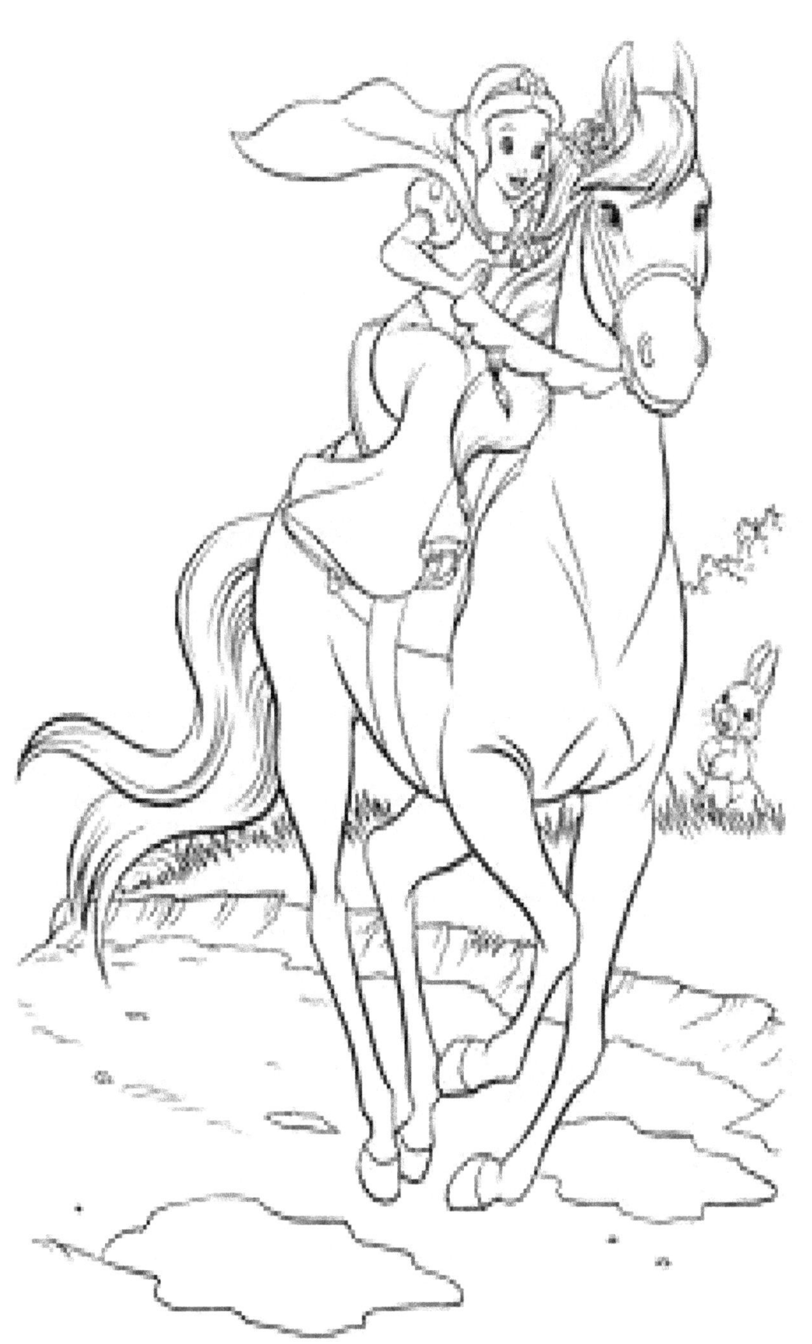